GUIDA DI SOPRAVVIVENZA FINANZIARIA PER GIOVANI NEOLAUREATI

Dedicato a tutti i giovani che vogliono essere migliori ogni giorno, cercano la conoscenza per poter cambiare le loro storie, perché così trasformeranno il mondo.

PROLOGO

Benvenuti nel mio libro di educazione finanziaria. Questo libro è stato scritto per aiutare i giovani a comprendere il mondo finanziario e come possono fare scelte intelligenti e responsabili per raggiungere i loro obiettivi finanziari. Credo fermamente che l'alfabetizzazione finanziaria sia un'abilità fondamentale che tutti dovrebbero possedere e questo libro è un passo verso tale obiettivo.

In questo libro troverai suggerimenti e strategie per aiutarti a gestire i tuoi soldi in modo efficace, evitare debiti inutili, investire con saggezza e, infine, costruire un futuro finanziario sicuro. Il mio obiettivo non è solo quello di darti gli strumenti di cui hai bisogno per prendere solide decisioni finanziarie, ma anche di ispirarti a prendere il controllo della tua vita finanziaria.

Mentre scrivevo questo libro, ho pensato alle mie esperienze finanziarie e alle sfide che ho dovuto affrontare lungo la strada. Spero che i miei errori e successi finanziari possano esserti utili. Non preoccuparti se non sai molto di finanza in questo momento. Imparare a conoscere la finanza è un processo continuo e tutti noi impariamo sempre.

Quindi preparati per un emozionante viaggio di scoperta finanziaria e goditi il processo. Ricorda, la conoscenza è potere e sono entusiasta di condividere con te le mie conoscenze finanziarie. Iniziamo!

PREFAZIONE

Caro lettore,

Questo libro è stato scritto per fornire informazioni e indicazioni essenziali sull'educazione finanziaria, soprattutto per coloro che stanno iniziando il loro viaggio finanziario. Sappiamo che avere a che fare con le finanze può essere impegnativo, soprattutto per i giovani adulti che stanno appena iniziando ad ambientarsi nella loro carriera.

In questo libro troverai consigli pratici per controllare le tue spese, gestire i tuoi debiti, investire in te stesso e nel tuo futuro e raggiungere i tuoi obiettivi finanziari. In tutte le pagine acquisirai familiarità con i concetti finanziari di base, imparerai come affrontare la pressione sociale a spendere, evitare debiti inutili, tra gli altri argomenti.

Il nostro obiettivo è aiutarti a sviluppare una sana mentalità finanziaria, con particolare attenzione alla creazione di ricchezza a lungo termine. Speriamo che questo libro ti aiuti a fare il primo passo verso un futuro finanziario stabile e prospero.

Buona lettura!

Cordiali saluti, José Ruberto

riepilogo

PROLOGO 3

PREFAZIONE 5

Una breve storia: 14

    IO 14

    Il viaggio di Giovanni 14

    II 15

    La chiamata 15

    III 16

    La sfida di Giovanni 16

    IV 18

    La trasformazione di Giovanni 18

    V 19

    Riflessione 19

    SEGA 20

    il grande progetto 20

Capitolo 1: Una mentalità fiorente per i giovani laureati 22

  Stabilisci obiettivi finanziari chiari e realistici per te stesso. 22

  Comprendi la differenza tra bisogni e desideri. 24

  Credi che sia possibile raggiungere la prosperità finanziaria. 25

  Mantieni un atteggiamento positivo nei confronti del denaro e della prosperità. 27

  Sviluppa una mentalità di abbondanza invece che di scarsità. 29

Impara a gestire il denaro in modo sano e
responsabile. 30

Sii disciplinato e coerente nel tuo approccio
finanziario. 32

Accetta la responsabilità delle tue decisioni
finanziarie. 33

Sviluppa un budget personale e rispettalo. 35

Impara a risparmiare e investire saggiamente i tuoi
soldi. 37

Sii disposto ad assumerti rischi finanziari calcolati. 38

Sii sempre disposto a imparare dai tuoi errori
finanziari. 40

Impara ad affrontare il fallimento finanziario e usalo
come un'opportunità di apprendimento. 41

Sii disposto a fare sacrifici finanziari per raggiungere
i tuoi obiettivi. 43

Cerca opportunità di apprendimento finanziario in
libri, corsi e tutoraggi. 44

Credi nel tuo potenziale finanziario e nella tua
capacità di aumentare le tue entrate. 46

Sii aperto a nuove opportunità finanziarie e fonti di
reddito. 47

Sviluppa capacità di negoziazione e comunicazione
per migliorare le tue finanze. 49

Sapere quando chiedere aiuto finanziario e a chi
rivolgersi. 50

Evitare debiti inutili e alti tassi di interesse. 52

Sii grato per quello che hai e per quello che hai già
realizzato finanziariamente. 53

Impara ad affrontare la pressione sociale per spendere soldi per cose costose. 54

Investi in te stesso, nella tua formazione e nelle tue capacità. 56

Sii paziente e coerente nei tuoi sforzi finanziari. 57

Sii responsabile ed etico nei tuoi rapporti finanziari. 58

Non confrontarti finanziariamente con gli altri; ogni persona ha un viaggio unico. 60

Fai scelte finanziarie consapevoli in linea con i tuoi valori personali. 61

Rimani aggiornato sulle tendenze finanziarie e di investimento. 62

Capitolo 2: Finanza personale per giovani laureati 65

Come iniziare a risparmiare subito dopo la laurea. ...65

Come creare un piano di investimento su misura per le tue esigenze e i tuoi obiettivi finanziari. 67

Come pianificare la tua carriera per massimizzare il tuo reddito a lungo termine. 69

Come gestire il debito degli studenti dopo la laurea. 71

Suggerimenti per trovare un lavoro che offra benefici finanziari, come un piano pensionistico privato. 72

Suggerimenti per negoziare stipendi e benefici durante i colloqui di lavoro. 74

Come trovare modi per guadagnare soldi extra nel tuo tempo libero. 76

Come avviare un'impresa ed essere un imprenditore. 78

Come creare un piano pensionistico per il futuro. ...80

I primi passi per diventare finanziariamente indipendenti. 82

Come fissare obiettivi finanziari realistici e raggiungibili. 84

Suggerimenti per la gestione delle spese e il controllo del budget. 85

Come trovare le migliori offerte sui servizi finanziari come l'auto e l'assicurazione sanitaria. 87

Come risparmiare denaro quando si acquistano generi alimentari e altre necessità. 88

L'importanza di tenere registri finanziari accurati e aggiornati. 90

Come creare un fondo di emergenza per prepararsi a imprevisti finanziari. 92

L'importanza di comprendere il tuo punteggio di credito e come migliorarlo. 93

I rischi di essere coinvolti nel debito della carta di credito e come evitarli. 95

I rischi dei prestiti personali e come evitarli. 97

Come affrontare la pressione sociale per spendere soldi per cose costose. 98

Suggerimenti per risparmiare sull'intrattenimento come film e concerti. 100

Suggerimenti per risparmiare sui servizi in abbonamento come Netflix e Spotify. 102

Suggerimenti per risparmiare denaro su viaggio e alloggio. 104

Come scegliere la migliore carta di credito per le tue esigenze. 106

- Come evitare frodi finanziarie e proteggere le tue informazioni personali..108
- I vantaggi e le sfide di vivere da soli dopo la laurea. 111
- I pro ei contro di vivere a casa con i tuoi genitori dopo la laurea. 112
- Come bilanciare le tue priorità finanziarie a breve e lungo termine. 114
- I vantaggi di iniziare a investire presto e come iniziare a investire. 116

Capitolo 3: Informazioni sull'arricchimento..................119
- Importanza della pianificazione finanziaria per costruire ricchezza..119
- L'importanza dell'educazione finanziaria nella ricerca della ricchezza. 120
- Le abitudini dei milionari: cosa fanno di diverso per diventare ricchi? 122
- Il ruolo della pianificazione finanziaria nella ricerca della ricchezza. 124
- Come superare la procrastinazione e agire per diventare ricchi. 125
- Come risparmiare denaro per raggiungere i tuoi obiettivi finanziari?...127
- I vantaggi e gli svantaggi di impegnarsi per diventare ricchi. 129
- Suggerimenti per ridurre le spese e risparmiare denaro. 131
- Gli errori comuni che impediscono alle persone di diventare ricche. 133

Come creare una mentalità di abbondanza per raggiungere la ricchezza. 134

Come costruire un portafoglio di investimenti diversificato. 137

Le differenze tra reddito passivo e reddito attivo. ...138

Investimenti: da dove iniziare e quali opzioni sono disponibili. 140

I benefici ei rischi di investire in azioni in borsa. 142

Come investire nel settore immobiliare e guadagnare con l'affitto. 143

I vantaggi e gli svantaggi di investire in fondi immobiliari. 145

Come affrontare il debito e uscire dal debito. 146

Come negoziare salari e benefici per aumentare il reddito. 148

Come utilizzare Internet per creare fonti di reddito online. 150

Come investire in criptovalute e altre nuove tecnologie finanziarie. 151

Come creare una fonte di reddito passiva attraverso Royalties e Licensing. 153

Suggerimenti per costruire un patrimonio netto solido nel tempo. 154

Come scegliere le migliori opzioni di credito per le tue esigenze. 156

Come affrontare la pressione sociale per spendere soldi e mantenere uno stile di vita finanziariamente sano. 158

Come ridurre le spese alimentari senza compromettere la qualità del cibo. 160

I miti sul denaro da sfatare per diventare ricchi. 163

Come mettere insieme un piano pensionistico che garantisca una vita finanziaria stabile in futuro. 165

Segreti di investitori di successo per moltiplicare l'equità. 166

Le migliori app di finanza personale per aiutarti a gestire i tuoi soldi. 169

Come usare la Legge di Attrazione per manifestare l'abbondanza finanziaria nella tua vita. 171

Capitolo 4: Cos'è? 174

Che cos'è una borsa valori? 174

Cosa sono le azioni? 175

Cosa sono le materie prime? 177

Cosa sono i dividendi? 179

Cos'è una posizione azionaria? 181

Cos'è un portafoglio azionario pensionistico? 182

Che cos'è il day trading? 184

Cos'è un agente di cambio? 185

Cos'è la Securities and Exchange Commission? 187

Cosa sono i fondi di investimento? 188

Cos'è l'analisi fondamentale di un titolo? 190

Cos'è il Valore Investire ? 191

Come avviare un portafoglio azionario? 193

Spendere o reinvestire i dividendi? 195

Conclusione 197

Glossario 199

Una breve storia:

"Un uomo saggio risparmia e ha sempre cibo e denaro in abbondanza nella sua casa, ma uno sciocco spende tutti i suoi soldi non appena li ha"

10
Il viaggio di Giovanni

John è un uomo normale con una vita normale. Lavora in un'azienda tecnologica e guadagna uno stipendio decente, ma non è soddisfatto della sua situazione finanziaria. Vive in un modesto appartamento e risparmia ogni centesimo che può per pagare le bollette e le spese quotidiane.

João sogna di avere una vita migliore, con più soldi, comodità e sicurezza finanziaria. Vuole avere la libertà di viaggiare, comprare quello che vuole e non preoccuparsi del futuro. Tuttavia, non sa come procedere e si sente intrappolato nella sua vita attuale.

Si sveglia presto, beve il caffè e va al lavoro, dove trascorre l'intera giornata seduto davanti a un computer. Quando torna a casa, mangia, guarda un po' di tv e va a dormire presto, per svegliarsi il giorno dopo e ripetere tutto di nuovo.

In fondo, João sa che la sua vita non è quella che sognava. Vuole di più ma non sa da dove cominciare. Si sente intrappolato nella sua routine quotidiana e incapace di cambiare la sua situazione finanziaria. Tuttavia, sa che non può continuare a vivere in questo modo ed è pronto a fare il passo successivo nel suo viaggio verso la libertà finanziaria.

II
La chiamata

João inizia a rendersi conto che il suo sogno di avere una vita finanziariamente libera non è solo una fantasia lontana, ma qualcosa di possibile. Inizia a fare ricerche su finanza personale e investimenti e si rende conto che è possibile cambiare la sua vita finanziaria se è disposto a lavorare per essa.

João inizia a pensare agli investimenti e inizia a leggere libri sull'argomento. Inizia a conoscere azioni, fondi immobiliari, tesoreria diretta e altre forme di investimento. Comincia a rendersi conto che ha bisogno di saperne di più sulla finanza e sugli investimenti prima di iniziare a investire.

Nel corso del tempo, João inizia a sentirsi più sicuro delle sue capacità e inizia a elaborare un piano per raggiungere la libertà finanziaria. Inizia a risparmiare denaro in modo più consapevole, tagliando le spese inutili e risparmiando una parte del suo stipendio mensile da investire.

John è determinato a raggiungere la sua libertà finanziaria ed è disposto a lavorare sodo per ottenerla. Sa che il percorso non sarà facile, ma è disposto ad affrontare le sfide che si presenteranno lungo il suo cammino.

Ti rendi conto che John è sulla strada giusta per raggiungere la sua libertà finanziaria. È determinato a cambiare la sua vita e sta lavorando sodo per raggiungere i suoi obiettivi. Il lettore è curioso di sapere cosa verrà dopo nel viaggio del protagonista.

III
La sfida di Giovanni

João inizia a investire i suoi soldi in azioni e altri asset finanziari, ma presto si rende conto che investire non è così facile come sembra. Comincia ad affrontare la sfida del mercato finanziario e si rende conto che i suoi investimenti possono salire così come scendere.

In un certo giorno, John si rende conto che i suoi investimenti hanno subito un enorme calo a causa di una crisi economica globale. Comincia a farsi prendere dal panico e pensa di vendere le sue azioni, ma ricorda a se stesso la sua determinazione a raggiungere la libertà finanziaria e decide che non si arrenderà così facilmente.

João si rende conto che affrontare le sfide fa parte del percorso verso la libertà finanziaria e inizia a imparare ancora di più sul mercato finanziario. Inizia a seguire le notizie e a leggere le recensioni degli esperti di investimenti. Impara a prendere decisioni più consapevoli ea mantenere la calma nei momenti di crisi.

Nel corso del tempo, João impara ad affrontare gli alti e bassi del mercato finanziario e inizia ad avere più successo nei suoi investimenti. Comincia ad accumulare più soldi e si sente più sicuro riguardo al futuro.

Tuttavia, John inizia anche a rendersi conto che ci sono altre persone che non vogliono vederlo avere successo. Comincia ad affrontare la sfida dell'antagonista, persone che vogliono vederlo fallire nei suoi investimenti e non raggiungere la sua libertà finanziaria.

João si rende conto che deve essere forte e determinato per affrontare queste sfide e continuare il suo viaggio verso la libertà finanziaria.

Renditi conto che João sta affrontando le sfide che gli si presentano con determinazione e perseveranza. È determinato a non rinunciare al suo viaggio verso la libertà finanziaria, indipendentemente dagli ostacoli che incontra.

IV
La trasformazione di Giovanni

João inizia ad avere sempre più successo nei suoi investimenti e inizia ad accumulare una notevole quantità di denaro. Tuttavia, si rende conto che la libertà finanziaria non è solo avere soldi, ma avere il controllo sulla tua vita e sui tuoi obiettivi.

João inizia a trasformare e cambiare il suo modo di pensare al denaro. Comincia a capire che la libertà finanziaria non è solo una questione di accumulare ricchezza, ma piuttosto avere la libertà di fare le scelte che vuole nella sua vita.

John inizia a diventare più consapevole delle sue spese e inizia a investire in cose che contano davvero per lui. Comincia a pensare a modi per aiutare altre persone e usare i suoi soldi in modo più consapevole.

Nel corso del tempo, João si rende conto che la sua trasformazione non riguarda solo il raggiungimento della libertà finanziaria, ma anche la ricerca di uno scopo nella sua vita. Comincia a pensare a modi per usare la sua ricchezza per fare la differenza nella vita di altre persone.

Caro lettore, renditi conto che João è in un viaggio di trasformazione personale. Sta scoprendo che la libertà finanziaria non riguarda solo i soldi, ma anche la libertà di fare scelte consapevoli nella propria vita.

V

Riflessione

João inizia a riflettere sul suo viaggio verso la libertà finanziaria e sulla sua trasformazione personale. Si rende conto che raggiungere la sua libertà finanziaria è stato un viaggio lungo e difficile, ma ne è valsa la pena.

Si rende anche conto che la sua trasformazione personale è stata una delle cose più importanti accadute nella sua vita. È diventato una persona più consapevole e più felice e sente di avere uno scopo nella sua vita.

João inizia a pensare a modi per aiutare altre persone a raggiungere la loro libertà finanziaria e trasformarsi personalmente. Comincia a pensare alla creazione di un progetto che possa aiutare altre persone a raggiungere i loro obiettivi finanziari e trovare uno scopo nella loro vita.

Comprendi che John ha raggiunto la libertà finanziaria e si è trasformato, ma che ora sta pensando a come aiutare gli altri a fare lo stesso.

SEGA
il grande progetto

João inizia a lavorare al suo progetto per aiutare altre persone a raggiungere la libertà finanziaria e personale. Riunisce un team di persone esperte nella finanza personale e crea un programma che insegna alle persone come gestire i propri soldi in modo più efficace e trovare uno scopo nella propria vita.

Il programma di João diventa molto popolare e inizia ad aiutare molte persone nel loro viaggio verso la libertà finanziaria e personale. Le persone che partecipano al programma di João imparano a gestire meglio i propri soldi e diventano più consapevoli dei propri obiettivi personali.

Con il successo del suo progetto, João inizia a ricevere molti inviti a parlare in occasione di eventi di finanza personale e del suo viaggio alla ricerca della libertà finanziaria e personale. Diventa un punto di riferimento nella sua zona e inizia ad aiutare ancora più persone nel loro viaggio.

Hai notato che John ha raggiunto la libertà finanziaria e si è trasformato, e che ora sta aiutando gli altri a fare lo stesso.

Penso che tu abbia già capito che questa storia parla di me e di molte altre persone che stanno raggiungendo i loro obiettivi aiutando gli altri a fare lo stesso. Credo che essere finanziariamente ricchi sia facile, è matematico, è una scienza esatta, ma diventare mentalmente ricchi, riversarsi nella vita degli altri, diffondere la conoscenza ai tuoi coetanei aiutandoli a conquistare la vita che meritano, è qualcosa che abbiamo scelto di fare come una missione di vita.

Spero che la storia di cui sopra ti aiuti, che tu possa riconoscere un po' del nostro eroe João in te, che cerchi conoscenza, onestà e altruismo nella tua vita, che tu sia un faro di speranza nella vita delle persone intorno a te.

Capitolo 1: Una mentalità fiorente per i giovani laureati

Stabilisci obiettivi finanziari chiari e realistici per te stesso.

Stabilire obiettivi finanziari chiari e realistici è una delle chiavi per raggiungere la stabilità finanziaria e la prosperità a lungo termine. Gli obiettivi finanziari ti aiutano a concentrarti su obiettivi specifici e a pianificare come raggiungerli, oltre a consentirti di monitorare i progressi e celebrare i tuoi risultati.

Il primo passo è stabilire obiettivi specifici. Ad esempio, puoi impostare un obiettivo per risparmiare una certa somma di denaro in un determinato periodo, estinguere tutti i debiti in un periodo stabilito o aumentare le tue entrate di una certa percentuale. È importante che gli obiettivi siano chiari e quantificabili, in quanto ciò aiuta a monitorare i progressi e ad apportare modifiche se necessario.

Gli obiettivi devono anche essere realistici e realizzabili. Non è consigliabile fissare obiettivi molto al di sopra di ciò che è possibile raggiungere, in quanto ciò può portare a frustrazione e scoraggiamento. È importante fissare obiettivi sfidanti raggiungibili con le risorse e le competenze attuali.

Un altro aspetto importante è la scadenza per il raggiungimento degli obiettivi. Si consiglia di fissare scadenze realistiche, ma non troppo lunghe, in quanto ciò può portare a procrastinare e perdere la concentrazione. D'altra parte, scadenze troppo brevi potrebbero non essere realistiche e finire per causare frustrazione. È importante trovare un equilibrio tra la scadenza e la fattibilità dell'obiettivo.

Per raggiungere i tuoi obiettivi finanziari, hai bisogno di un piano d'azione. È importante definire passaggi specifici che devono essere presi per raggiungere l'obiettivo, come aumentare le entrate, ridurre le spese, investire in una determinata area, tra gli altri. Avere un piano dettagliato ti aiuta a rimanere concentrato e a lavorare in modo efficiente verso il tuo obiettivo.

Infine, è importante monitorare i progressi e celebrare i risultati. Il monitoraggio dei progressi ti aiuta a identificare le aree che necessitano di aggiustamenti e ad apportare modifiche ove necessario. I festeggiamenti, anche se piccoli, aiutano a mantenere la motivazione e l'entusiasmo per raggiungere altri traguardi.

Stabilire obiettivi finanziari chiari e realistici può sembrare inizialmente una sfida, ma è un passo importante verso il raggiungimento della prosperità finanziaria a lungo termine. Con obiettivi chiari e un piano d'azione dettagliato, è possibile lavorare in modo efficiente e ottenere risultati significativi.

Comprendi la differenza tra bisogni e desideri.

Comprendere la differenza tra bisogni e desideri è un passo importante per avere una vita finanziaria più sana. I bisogni sono cose essenziali per la sopravvivenza, come cibo, acqua, riparo e assistenza sanitaria. D'altra parte, i desideri sono cose che vogliamo ma non sono necessarie per la nostra sopravvivenza.

Spesso confondiamo i desideri con i bisogni, il che può portarci a spendere più soldi del necessario e lasciarci in situazioni finanziarie difficili. Ad esempio, acquistare un nuovo cellulare quando ne abbiamo già uno perfettamente funzionante è un desiderio, non un bisogno. Andare in un ristorante costoso quando possiamo cucinare a casa è un altro esempio di desiderio che può influire negativamente sulle nostre finanze.

Comprendere la differenza tra bisogni e desideri può aiutarci a stabilire le priorità e prendere decisioni più consapevoli su come spendere i nostri soldi. Quando sappiamo quali sono i nostri bisogni, possiamo pianificare le nostre spese di conseguenza e assicurarci che vengano soddisfatte prima di spendere soldi per i nostri desideri.

Un modo per identificare la differenza tra bisogni e desideri è fare un elenco di spese mensili e analizzarle ciascuna. È importante chiedersi se ogni spesa sia davvero necessaria o se sia un desiderio che può essere rimandato o tagliato del tutto. Quando identifichiamo i nostri desideri e li separiamo dai nostri bisogni, possiamo avere un maggiore controllo sulle nostre finanze ed evitare debiti inutili.

Comprendere la differenza tra bisogni e desideri è la chiave per una sana vita finanziaria. Dando la priorità ai nostri bisogni e limitando la nostra spesa per i desideri, possiamo risparmiare denaro, ridurre lo stress finanziario e raggiungere più facilmente i nostri obiettivi finanziari.

Credi che sia possibile raggiungere la prosperità finanziaria.

Credere che sia possibile raggiungere la prosperità finanziaria è essenziale per noi per mettere in pratica i nostri piani e obiettivi finanziari. Quando crediamo che sia possibile raggiungere stabilità finanziaria e indipendenza, le nostre azioni e decisioni sono modellate per raggiungere questo obiettivo.

Credere che sia possibile raggiungere la prosperità finanziaria è un passo cruciale per raggiungerla. Molte persone hanno una mentalità limitante quando si tratta di soldi e finanze, credendo che la ricchezza sia riservata solo a pochi fortunati o che non avranno mai abbastanza soldi per raggiungere i loro obiettivi finanziari.

Tuttavia, la realtà è che chiunque può raggiungere la prosperità finanziaria se ha la giusta mentalità e adotta sane abitudini finanziarie. Credere che sia possibile è il primo passo per cambiare il modo in cui pensi al denaro e iniziare ad agire per raggiungere i tuoi obiettivi finanziari.

È importante ricordare che la prosperità finanziaria non significa necessariamente essere ricchi. Significa tenere sotto controllo le finanze, vivere entro i propri mezzi, risparmiare denaro per il futuro e avere la libertà finanziaria di fare le cose che ami.

Per iniziare a credere che sia possibile raggiungere la prosperità finanziaria, inizia con piccoli passi. Crea un budget e cerca di risparmiare una piccola somma di denaro ogni mese. Tieni traccia delle tue spese e trova modi per ridurre i costi.

Apportando questi piccoli cambiamenti, inizierai a vedere che raggiungere i tuoi obiettivi finanziari è possibile. Man mano che acquisisci maggiore sicurezza, potresti iniziare a pensare a obiettivi finanziari più grandi, come saldare tutti i tuoi debiti, acquistare una casa o investire nella tua pensione.

Ricorda che la mentalità è importante quando si tratta di denaro e finanze. Se ritieni che raggiungere la prosperità finanziaria sia possibile, sarai più motivato ad agire per raggiungere i tuoi obiettivi finanziari. E ricorda che mentre è importante lavorare sodo e avere disciplina finanziaria, è anche importante godersi la vita e divertirsi lungo la strada.

Mantieni un atteggiamento positivo nei confronti del denaro e della prosperità.

Mantenere un atteggiamento positivo nei confronti del denaro e della prosperità è una delle chiavi per raggiungere il successo finanziario. Quando si tratta di soldi, molte persone tendono ad avere una mentalità negativa, credendo che sia difficile guadagnare denaro e che sia necessario essere molto fortunati per poter accumulare ricchezza. Tuttavia, è importante cambiare questa mentalità e credere che sia possibile raggiungere la prosperità finanziaria attraverso il duro lavoro, la disciplina e la dedizione.

Uno dei modi migliori per mantenere un atteggiamento positivo nei confronti del denaro è cambiare il modo in cui pensi al denaro. Invece di vederlo come qualcosa di negativo o una fonte di stress, prova a vederlo come uno strumento per aiutarti a raggiungere i tuoi obiettivi e migliorare la qualità della tua vita. Ricorda che il denaro non è il fine, ma il mezzo per raggiungere i tuoi obiettivi e vivere una vita piena e appagante.

Inoltre, circondarti di persone che hanno un atteggiamento positivo nei confronti del denaro e della prosperità può avere un'enorme influenza sulla tua mentalità finanziaria. Cerca di associarti a persone disposte a condividere conoscenze ed esperienze finanziarie positive e che incoraggiano i tuoi sogni e obiettivi finanziari.

Un altro modo per mantenere un atteggiamento positivo nei confronti del denaro è avere una visione chiara dei propri obiettivi finanziari a breve e lungo termine. Prepara un piano e stabilisci obiettivi realistici che possono essere raggiunti con duro lavoro e disciplina. Festeggia i tuoi risultati finanziari, anche piccoli, per mantenere la tua motivazione e il tuo atteggiamento positivi.

Mantenere un atteggiamento positivo nei confronti del denaro e della prosperità può fare la differenza per raggiungere il successo finanziario. Mantieni una mentalità positiva, cerca di saperne di più sulla finanza e condividi le tue esperienze con gli altri. Con il duro lavoro, la dedizione e un atteggiamento positivo, puoi raggiungere i tuoi obiettivi finanziari e vivere la vita che hai sempre desiderato.

Sviluppa una mentalità di abbondanza invece che di scarsità.

Sviluppare una mentalità di abbondanza può essere la chiave per raggiungere la prosperità finanziaria e la felicità nella vita. La mentalità dell'abbondanza è l'opposto della mentalità della scarsità, che spesso ci fa sentire limitati e incapaci di raggiungere i nostri obiettivi finanziari.

La mentalità dell'abbondanza consiste nel credere che ci sia sempre più che sufficiente per andare in giro e che ci siano sempre opportunità per crescere e prosperare. Invece di concentrarti su ciò che non hai, concentrati su ciò che hai e sulle opportunità che ti si presentano.

Per sviluppare una mentalità di abbondanza, è importante cambiare il modo in cui pensi al denaro e alla ricchezza. Invece di pensare al denaro come a una fonte di stress e ansia, inizia a vedere il denaro come uno strumento che ti aiuta a raggiungere i tuoi obiettivi e i tuoi sogni. Riconosci che la ricchezza e la prosperità sono possibili per tutti e che puoi creare la tua fortuna e opportunità finanziarie.

Un modo per sviluppare una mentalità di abbondanza è praticare la gratitudine. Ringrazia per le cose che hai nella tua vita, anche se sembrano piccole o insignificanti. Questo aiuta a cambiare la tua prospettiva e a concentrarti su ciò che è importante invece che su ciò che manca.

Un altro modo per sviluppare una mentalità di abbondanza è praticare la generosità. Dona tempo o denaro a una causa in cui credi, aiuta qualcuno che ne ha bisogno o sii gentile e premuroso con gli altri. Quando dai generosamente, attiri più abbondanza nella tua vita.

Infine, è importante ricordare che lo sviluppo di una mentalità di abbondanza non è qualcosa che accade dall'oggi al domani. Ci vogliono tempo e pratica per cambiare i tuoi schemi di pensiero e le tue convinzioni su denaro e prosperità. Ma con dedizione e impegno, puoi sviluppare una mentalità di abbondanza e raggiungere la prosperità finanziaria e la felicità che meriti.

Impara a gestire il denaro in modo sano e responsabile.

Imparare a gestire il denaro in modo sano e responsabile è un passo fondamentale verso il raggiungimento della prosperità finanziaria. Sfortunatamente, molte persone non hanno questa conoscenza di base e finiscono per affrontare difficoltà finanziarie per tutta la vita.

Per cominciare, è importante capire che il denaro deve essere trattato con rispetto e cura. Ciò significa che devi imparare a controllare la spesa, evitando acquisti impulsivi e inutili. Fondamentale è anche stabilire un budget personale, definendo spese essenziali e superflue.

Inoltre, è importante avere una visione a lungo termine e pensare al futuro. Ciò significa che devi risparmiare denaro regolarmente, sia che si tratti di costituire una riserva di emergenza, di raggiungere un grande obiettivo finanziario o di andare in pensione in tutta tranquillità.

Un altro aspetto importante è imparare a gestire il debito in modo responsabile. Ciò include evitare debiti eccessivi e cercare sempre di pagare i debiti in tempo, evitando interessi e multe. In caso di debiti più elevati, è importante chiedere aiuto a un professionista finanziario per trovare le migliori soluzioni per il tuo caso specifico.

Infine, è importante tenere presente che gestire il denaro in modo sano e responsabile implica molto più che semplici questioni finanziarie. Devi avere un atteggiamento positivo nei confronti del denaro e imparare a valutare la sicurezza finanziaria e l'indipendenza. Con questa mentalità, sarà molto più facile raggiungere la prosperità finanziaria e avere una vita più pacifica e appagante.

Sii disciplinato e coerente nel tuo approccio finanziario.

Quando si tratta di raggiungere la prosperità finanziaria, una delle chiavi più importanti è essere disciplinati e coerenti nel proprio approccio finanziario. Ciò significa che devi sviluppare sane abitudini finanziarie e mantenerle a lungo termine.

Una delle prime cose che puoi fare per essere disciplinato con le tue finanze è creare un budget mensile. Questo ti farà sapere esattamente dove stanno andando i tuoi soldi e ti aiuterà a evitare di spendere troppo per cose inutili. Quando stabilisci un budget, devi essere coerente nel rispettarlo. Ciò può significare sacrificare un po' di divertimento o svago a breve termine per raggiungere i tuoi obiettivi finanziari a lungo termine.

Un altro modo per essere disciplinati è stabilire obiettivi finanziari chiari e realistici per te stesso. Ciò potrebbe includere il risparmio di una determinata quantità di denaro ogni mese, il pagamento del debito esistente o l'investimento nella pensione. Quando hai in mente obiettivi specifici, è più facile rimanere concentrati e lavorare sodo per raggiungerli.

Inoltre, è importante essere coerenti nelle tue abitudini di risparmio e investimento. Ciò significa che devi essere disciplinato nel risparmiare denaro ogni mese e investirlo in un piano a lungo termine. Anche se hai un brutto mese, non rinunciare al tuo piano finanziario. Invece, apporta modifiche e continua ad andare avanti.

È importante ricordare che essere disciplinati con le tue finanze non significa che devi vivere una vita senza divertimento o indulgenze. La chiave è trovare un sano equilibrio tra risparmiare e spendere soldi per cose che ti portano felicità e realizzazione a breve termine, ma senza compromettere i tuoi obiettivi finanziari a lungo termine.

Essere disciplinati e coerenti nel tuo approccio alla finanza è fondamentale per raggiungere la prosperità finanziaria. Stabilisci un budget, stabilisci obiettivi chiari, sii coerente nelle tue abitudini di risparmio e investimento e trova un sano equilibrio tra risparmio e spesa. Ricorda, piccoli cambiamenti e azioni coerenti possono fare una grande differenza a lungo termine.

Accetta la responsabilità delle tue decisioni finanziarie.

Accettare la responsabilità delle tue decisioni finanziarie è una parte cruciale del successo finanziario. Le persone spesso preferiscono incolpare circostanze esterne o altre persone per le loro difficoltà finanziarie, piuttosto che assumersi la responsabilità personale .

Tuttavia, la verità è che ogni individuo ha un ruolo importante nelle proprie finanze. È importante ricordare che ogni decisione finanziaria che prendiamo ha delle conseguenze e quindi dobbiamo essere attenti e responsabili nelle nostre scelte.

Assumersi la responsabilità finanziaria inizia con la conoscenza di sé. È importante comprendere i nostri punti di forza e di debolezza quando si tratta di finanza personale. Dobbiamo essere consapevoli dei nostri limiti ed essere realistici riguardo ai nostri obiettivi finanziari e alle nostre aspettative.

È anche importante essere consapevoli delle nostre abitudini finanziarie. Dobbiamo monitorare le nostre spese ed essere onesti sui nostri punti di forza e di debolezza. Se scopriamo di avere abitudini di spesa eccessiva o problemi di debito, dobbiamo essere disposti a prendere provvedimenti per correggere questi problemi e cambiare i nostri comportamenti.

Assumersi la responsabilità finanziaria significa anche essere proattivi riguardo alle nostre finanze. Dobbiamo essere disposti a prendere provvedimenti per migliorare la nostra situazione finanziaria, come creare un budget, risparmiare denaro, investire nel nostro futuro e cercare ulteriori opportunità di reddito.

Assumendoci la responsabilità finanziaria, possiamo assumere il controllo delle nostre finanze e lavorare per un futuro finanziario più stabile e prospero. Con la giusta combinazione di consapevolezza di sé, sane abitudini finanziarie e pianificazione intelligente, possiamo raggiungere i nostri obiettivi finanziari e garantire una vita finanziaria sana e stabile.

Sviluppa un budget personale e rispettalo.

Lo sviluppo di un budget personale è un passo importante per gestire le tue finanze in modo efficiente e raggiungere i tuoi obiettivi finanziari. Un budget è uno strumento che ti aiuta a controllare le tue spese, ridurre i debiti e risparmiare denaro per raggiungere i tuoi obiettivi. È importante disporre di un piano finanziario chiaro e realistico per evitare problemi finanziari e garantire un futuro finanziario prospero.

Per iniziare a creare un budget personale, devi avere una chiara comprensione delle tue spese regolari, comprese le spese fisse come l'affitto, il mutuo, le bollette e il pagamento dei debiti, nonché le spese variabili come cibo, vestiti, intrattenimento e trasporti. . È anche importante includere spese accessorie come regali di compleanno e riparazioni domestiche.

Una volta che hai una comprensione completa delle tue spese, è importante confrontare le tue spese con il tuo reddito mensile. Assicurati che le tue spese non superino le tue entrate e, se necessario, apporta modifiche per bilanciare il tuo budget.

Rimani nei limiti del budget stabilito. È importante impegnarsi a rispettare il budget e apportare modifiche quando necessario. Puoi utilizzare app finanziarie o fogli di calcolo per tenere traccia delle tue finanze.

Ricorda che un budget personale non è qualcosa che dovrebbe essere creato solo una volta e poi dimenticato. È uno strumento vivo che deve essere aggiornato regolarmente man mano che la tua vita finanziaria cambia. Ad esempio, se hai ottenuto un aumento sul lavoro o hai estinto un debito, è importante aggiornare il tuo budget per riflettere tali cambiamenti.

Creare e mantenere un budget personale è un passo importante verso una vita finanziaria sana e responsabile. Avendo una chiara comprensione delle tue spese e entrate, puoi controllare le tue spese, ridurre i debiti e risparmiare denaro per raggiungere i tuoi obiettivi finanziari a lungo termine. Ricordati di rivedere e aggiornare regolarmente il tuo budget per riflettere i cambiamenti nella tua situazione finanziaria.

Impara a risparmiare e investire saggiamente i tuoi soldi.

Imparare a risparmiare e investire saggiamente il denaro è un'abilità cruciale per raggiungere la prosperità finanziaria. Molti giovani possono sentirsi persi quando si tratta di gestire le proprie finanze, ma ci sono molti modi per imparare a risparmiare e investire in modo efficace.

Una delle prime cose che puoi fare è creare un budget personale dettagliato. Questo ti aiuterà a capire esattamente dove vengono spesi i tuoi soldi e dove c'è spazio per i risparmi. È importante essere realistici e includere tutte le tue spese mensili, dalle bollette di base come l'affitto e il trasporto a cose come mangiare fuori e intrattenimento.

Una volta stabilito un budget, puoi iniziare a cercare aree in cui puoi risparmiare denaro. Uno dei modi più efficaci per risparmiare denaro è tagliare le spese non necessarie come abbonamenti TV o servizi che non usi spesso. Inoltre, può essere utile acquistare articoli in saldo, utilizzare coupon e fare acquisti nei negozi che offrono sconti.

Ma il risparmio di denaro è solo una parte dell'equazione. Dovresti anche considerare di investire i tuoi soldi per aumentare i tuoi guadagni nel tempo. Ci sono molte opzioni di investimento disponibili, da azioni e obbligazioni a fondi comuni di investimento e immobili. È importante ricercare le tue opzioni e trovare l'investimento che meglio si adatta alle tue esigenze e ai tuoi obiettivi finanziari.

Tuttavia, investire può essere un processo complicato, quindi è sempre consigliabile chiedere consiglio a un professionista finanziario o fare ricerche approfondite prima di prendere qualsiasi decisione di investimento.

Imparare a risparmiare e investire in modo intelligente è la chiave per raggiungere la prosperità finanziaria. Inizia creando un budget personale, identificando le aree in cui puoi risparmiare e cercando opportunità di investimento adatte alle tue esigenze e ai tuoi obiettivi. Con la pratica e l'apprendimento continuo, puoi diventare un maestro nella gestione dei tuoi soldi e raggiungere la sicurezza finanziaria a lungo termine.

Sii disposto ad assumerti rischi finanziari calcolati.

Per raggiungere la prosperità finanziaria, è spesso necessario assumersi dei rischi. Tuttavia, ciò non significa che dovresti prendere decisioni finanziarie impulsive senza pensare alle conseguenze. È importante avere un approccio strategico e calcolato all'assunzione di rischi finanziari.

Prima di prendere una decisione finanziaria rischiosa, è importante comprendere appieno i rischi connessi. Fai le tue ricerche e valuta le possibili conseguenze prima di prendere una decisione. Inoltre, è importante disporre di un piano di riserva nel caso in cui le cose non vadano come previsto.

I rischi finanziari possono includere investimenti azionari, negoziazione di opzioni o investimenti aziendali. Se stai pensando di investire in azioni o opzioni, è importante comprendere il mercato e come funziona. Se stai pensando di avviare un'attività in proprio, è importante redigere un piano aziendale e valutare i costi coinvolti.

Tuttavia, è importante ricordare che l'assunzione di rischi finanziari potrebbe non essere adatta a tutti. Se preferisci un approccio finanziario più conservativo, potrebbe essere meglio mantenere i tuoi investimenti in conti bancari o titoli a basso rischio. Va bene essere cauti con i tuoi soldi.

Qualunque approccio tu scelga, è importante che tu sia disposto ad assumerti rischi finanziari calcolati. Ricorda che i più grandi successi finanziari spesso comportano un certo grado di rischio. Valutando i rischi coinvolti e disponendo di un solido piano di riserva, puoi aumentare le tue possibilità di raggiungere la prosperità finanziaria.

Sii sempre disposto a imparare dai tuoi errori finanziari.

Quando si ha a che fare con i soldi, gli errori sono inevitabili. Forse hai fatto un cattivo investimento o hai speso soldi per qualcosa di non necessario. L'importante è imparare da quegli errori e non commetterli più. È qui che entra in gioco l'importanza di essere sempre disposti a imparare dai propri errori finanziari.

Imparando dai tuoi errori, puoi sviluppare migliori strategie finanziarie per il futuro. Ciò significa valutare le decisioni finanziarie passate, identificare dove hai sbagliato e trovare soluzioni per evitare quegli errori in futuro. Ad esempio, se hai avuto problemi con il debito della carta di credito, puoi scegliere di tagliare la tua carta o utilizzare strategie per controllare la tua spesa.

Inoltre, imparare dai tuoi errori finanziari può aiutarti a sviluppare maggiore fiducia nella tua capacità di prendere sagge decisioni finanziarie. Puoi iniziare a capire che anche se commetti degli errori, sei comunque in grado di risolvere i problemi e migliorare la tua situazione finanziaria.

Tuttavia, è importante non incolpare te stesso eccessivamente per gli errori finanziari. È naturale commettere errori e la chiave è imparare da essi e andare avanti. Se ti trovi in una situazione finanziaria difficile, non aver paura di chiedere aiuto a un professionista finanziario o ad amici e familiari fidati.

Imparare dai propri errori finanziari è un processo continuo, ma ne vale la pena. Ciò contribuirà a costruire una base finanziaria più solida e prevenire futuri errori finanziari. Ricorda che il successo finanziario si basa sullo sforzo e sull'impegno, ma anche sull'apprendimento continuo e sulla capacità di adattarsi al cambiamento.

Impara ad affrontare il fallimento finanziario e usalo come un'opportunità di apprendimento.

Il fallimento finanziario è qualcosa che molti di noi affrontano ad un certo punto della nostra vita. Può essere difficile affrontare il fallimento, soprattutto quando si tratta delle nostre finanze. Tuttavia, è importante imparare come affrontare queste situazioni e utilizzare il fallimento come opportunità di apprendimento.

Piuttosto che vergognarti o incolpare te stesso per il fallimento finanziario, è importante riconoscere che tutti attraversano momenti difficili nel loro viaggio finanziario. È naturale commettere errori e prendere decisioni finanziarie che non funzionano come previsto. Piuttosto che concentrarsi sul fallimento, è importante vedere la situazione come un'opportunità per imparare e crescere.

Imparare dai fallimenti finanziari può aiutarti a evitare di ripetere gli stessi errori. Ciò potrebbe includere la modifica del tuo approccio finanziario, la ricerca di nuove fonti di reddito, la riduzione delle spese o l'educazione finanziaria di te stesso per prendere decisioni più informate.

Inoltre, il fallimento finanziario può aiutarti a sviluppare resilienza e determinazione. Quando affrontiamo sfide finanziarie, siamo spesso costretti a trovare soluzioni creative e perseverare per superare la situazione. Questa resilienza può essere un'abilità preziosa in altri ambiti della vita.

Infine, ricorda che il fallimento finanziario non ti definisce come persona. La tua autostima e autostima non sono legate al tuo successo finanziario. Invece, concentrati sull'imparare dalla situazione e lavorare per raggiungere i tuoi obiettivi finanziari. Con determinazione, pazienza e tenacia, puoi superare il fallimento finanziario e raggiungere la prosperità finanziaria.

Sii disposto a fare sacrifici finanziari per raggiungere i tuoi obiettivi.

Per raggiungere i tuoi obiettivi finanziari, è importante essere disposti a fare sacrifici. Questi sacrifici possono sembrare difficili all'inizio, ma alla lunga possono ripagare molto. Alcune persone evitano di fare sacrifici finanziari perché pensano che non saranno in grado di divertirsi o ottenere il massimo dalla vita. Tuttavia, ci sono modi per raggiungere i tuoi obiettivi finanziari senza rinunciare a tutte le cose che ami.

La prima cosa che devi fare è determinare le tue priorità finanziarie. Cos'è più importante per te? Risparmiare denaro per un'emergenza o per la pensione? Sta pagando i tuoi debiti o risparmiando per un viaggio? Mentre determini le tue priorità finanziarie, puoi iniziare a fare sacrifici in altre aree.

Un modo per risparmiare denaro è ridurre le spese per cose non essenziali. Questo non significa che devi smettere di divertirti o coccolarti di tanto in tanto, ma potrebbe significare ridurre la frequenza con cui lo fai. Ad esempio, invece di uscire a cena ogni settimana, potresti farlo una volta al mese. Invece di acquistare un caffè gourmet quotidiano, puoi preparare il tuo caffè a casa.

Un altro modo per risparmiare denaro è tagliare le spese fisse come gli abbonamenti alla TV via cavo o i servizi di streaming. Invece, puoi utilizzare servizi gratuiti o meno costosi come i canali TV in chiaro o le biblioteche pubbliche.

Ricorda che i tuoi sacrifici finanziari devono essere realistici e sostenibili. Non è realistico tagliare tutte le spese per il tempo libero e gli hobby. Invece, cerca di trovare modi per risparmiare su questi aspetti, come cercare offerte e offerte speciali su eventi e attività che ti piacciono.

Infine, è importante ricordare che i sacrifici finanziari che fai ora possono avere un grande impatto sul tuo futuro finanziario. Risparmiando denaro, puoi creare un cuscino finanziario che ti protegga in caso di emergenza, oltre a investire nella tua pensione e in altri obiettivi finanziari a lungo termine. Quindi sii disposto a fare sacrifici finanziari per raggiungere i tuoi obiettivi e costruire una solida base per il tuo futuro finanziario.

Cerca opportunità di apprendimento finanziario in libri, corsi e tutoraggi.

Il mondo finanziario può intimidire, ma è importante ricordare che è possibile impararlo e padroneggiarlo. Per questo, è essenziale cercare opportunità di apprendimento in libri, corsi e tutoraggi.

I libri di finanza personale sono un ottimo modo per iniziare a comprendere le basi, da come preventivare i soldi a come investire in azioni. Ci sono una miriade di opzioni disponibili, dai popolari bestseller a quelli più tecnici, scegli quello che si adatta al tuo stile di apprendimento e ai tuoi obiettivi finanziari.

Anche i corsi online e faccia a faccia sono un'ottima opzione per coloro che desiderano migliorare le proprie conoscenze finanziarie. Molti di loro sono convenienti e possono essere eseguiti al proprio ritmo. Possono includere lezioni sulla gestione finanziaria personale, investimenti, pianificazione fiscale e molto altro. Inoltre, ci sono molti corsi gratuiti disponibili su Internet.

I mentori finanziari sono anche un ottimo modo per ottenere indicazioni e consigli personalizzati. Possono aiutarti a identificare e raggiungere i tuoi obiettivi finanziari, fornire feedback sulle tue decisioni finanziarie e offrire strategie per migliorare la tua situazione finanziaria. Cerca mentori che abbiano esperienza nella tua area di interesse e che siano disposti a condividere le loro conoscenze.

Ricorda, conoscere la finanza personale può aiutarti a prendere decisioni più informate e raggiungere i tuoi obiettivi finanziari in modo più efficace. Cerca costantemente opportunità di apprendimento finanziario e metti in pratica ciò che impari. La disciplina e la coerenza nel tuo approccio finanziario sono fondamentali per raggiungere la prosperità finanziaria a lungo termine.

Credi nel tuo potenziale finanziario e nella tua capacità di aumentare le tue entrate.

Credere nel tuo potenziale finanziario e nella tua capacità di aumentare il tuo reddito è la chiave per raggiungere la prosperità finanziaria. Molte persone credono che la ricchezza sia qualcosa di irraggiungibile o che sia riservata solo a coloro che sono nati in famiglie benestanti o hanno abilità speciali. Tuttavia, questa convinzione limitante impedisce solo alle persone di raggiungere il loro vero potenziale finanziario.

Invece, è importante credere che sia possibile migliorare la tua situazione finanziaria e raggiungere i tuoi obiettivi finanziari. Avendo questa mentalità, diventi più motivato e determinato a perseguire nuove opportunità di reddito e di investimento. Diventi anche più aperto all'apprendimento e al miglioramento delle tue capacità finanziarie.

È importante ricordare che il successo finanziario non avviene dall'oggi al domani e potresti dover affrontare sfide lungo il percorso. Tuttavia, credendo nel tuo potenziale finanziario, sarai più disposto a persistere nei tuoi sforzi e trovare soluzioni creative per superare questi ostacoli.

Ricorda inoltre che la tua attuale situazione finanziaria non determina il tuo futuro finanziario. Indipendentemente dalla tua situazione attuale, raggiungere la prosperità finanziaria è possibile se sei disposto a lavorare sodo, imparare e fare scelte finanziarie intelligenti.

Quindi credi in te stesso e nel tuo potenziale finanziario. Visualizza i tuoi obiettivi finanziari e lavora costantemente per raggiungerli. Con perseveranza, disciplina e un atteggiamento positivo, puoi raggiungere la prosperità finanziaria che desideri.

Sii aperto a nuove opportunità finanziarie e fonti di reddito.

Per raggiungere la prosperità finanziaria, è importante essere aperti a nuove opportunità finanziarie e fonti di reddito. Ciò significa che devi essere disposto a esplorare diverse opzioni ed essere creativo nel tuo approccio per fare soldi. Piuttosto che limitarti a un'unica fonte di reddito, cerca modi per diversificare le tue entrate ed esplorare nuove opportunità.

Un modo per farlo è cercare nuove competenze che puoi acquisire o migliorare in modo da poter espandere il tuo set di competenze e offrire servizi preziosi agli altri. Puoi seguire corsi, workshop e formazione online o faccia a faccia per sviluppare competenze in aree come marketing, finanza, imprenditorialità e molto altro.

Un altro modo per esplorare nuove opportunità finanziarie è cercare nuove iniziative o investimenti. Ciò potrebbe includere l'avvio di un'attività in proprio, l'investimento in azioni o fondi comuni di investimento o persino l'investimento in criptovalute. È importante fare le tue ricerche e comprendere i rischi connessi a ogni opportunità prima di investire i tuoi soldi.

È anche importante essere aperti a opportunità di reddito passivo, come l'affitto di immobili o l'investimento in reddito fisso. Queste opportunità possono fornirti entrate aggiuntive senza richiedere molto tempo o sforzi da parte tua.

Essere aperti a nuove opportunità finanziarie e fonti di reddito può aiutarti a raggiungere la prosperità finanziaria. Sii creativo, sii disposto a imparare ed esplora diverse opzioni per trovare ciò che funziona meglio per te. Ricorda sempre di fare le tue ricerche e di comprendere i rischi connessi a ogni opportunità prima di investire i tuoi soldi.

Sviluppa capacità di negoziazione e comunicazione per migliorare le tue finanze.

Sviluppare capacità di negoziazione e comunicazione può essere un ottimo modo per migliorare le tue finanze e raggiungere i tuoi obiettivi finanziari. Se sei in grado di negoziare e comunicare in modo efficace, puoi ottenere condizioni migliori nei tuoi rapporti finanziari, oltre a trovare modi per aumentare le tue entrate e risparmiare denaro.

La negoziazione è un'abilità che può essere appresa e migliorata con la pratica. È importante essere preparati e avere in mente una strategia chiara prima di entrare in un'operazione. Fai le tue ricerche e scopri cosa è ragionevole aspettarsi prima di iniziare a fare trading. Sii disposto ad ascoltare le altre parti e sii flessibile nelle tue richieste, ma sappi anche quando è il momento di uscire dalla trattativa se non sta andando nella direzione desiderata.

Inoltre, la comunicazione è un'abilità cruciale nel trattare con le finanze. Imparare a comunicare in modo chiaro ed efficace con banche, istituti di credito, istituzioni finanziarie e altri è essenziale per garantire che le tue esigenze finanziarie siano soddisfatte. Sappi come articolare i tuoi desideri e le tue esigenze in modo chiaro e conciso e sii disposto a porre domande e chiedere chiarimenti ogni volta che è necessario.

Infine, lo sviluppo di capacità di negoziazione e comunicazione può aiutarti a trovare nuove opportunità finanziarie e fonti di reddito. Essendo in grado di comunicare in modo chiaro e negoziare in modo efficace, puoi scoprire modi per guadagnare di più o risparmiare di più sulle tue finanze. Mantieni una mente aperta e sii disposto a esplorare nuove opportunità e approcci per raggiungere i tuoi obiettivi finanziari.

Sapere quando chiedere aiuto finanziario e a chi rivolgersi.

Sapere come chiedere aiuto finanziario quando necessario può essere una sfida per molte persone. Tuttavia, è importante ricordare che tutti attraversiamo momenti difficili con le nostre finanze e che chiedere aiuto è una cosa coraggiosa e intelligente da fare.

Se stai riscontrando difficoltà finanziarie, la prima cosa da fare è valutare la tua situazione e determinare il tipo di assistenza finanziaria di cui hai bisogno. Questo può variare dalla consulenza finanziaria gratuita ai prestiti personali o all'aiuto di familiari e amici.

Una delle migliori fonti di aiuto finanziario è un consulente finanziario. Questi professionisti possono aiutarti a identificare le aree problematiche nelle tue finanze e fornire consigli per aiutarti a superare queste sfide. Possono anche aiutarti a creare un piano finanziario realistico e realizzabile per raggiungere i tuoi obiettivi finanziari.

Se hai bisogno di aiuto immediato, puoi rivolgerti a organizzazioni senza scopo di lucro che offrono consulenza finanziaria gratuita. Questi gruppi possono aiutarti a valutare la tua situazione finanziaria e fornire consigli su come gestire i debiti, ridurre le spese e creare un budget realistico.

Se stai pensando di contrarre prestiti personali per far fronte a debiti o spese impreviste, è importante fare attenzione. Assicurati di aver compreso i termini del prestito e di poter pagare le rate prima di firmare qualsiasi documento. Se non hai una buona storia creditizia, può essere difficile ottenere un prestito a tassi ragionevoli, quindi fai le tue ricerche e confronta le opzioni.

Infine, non aver paura di chiedere aiuto a familiari e amici. Mentre prendere in prestito denaro può essere scomodo, è meglio che affrontare da soli i problemi finanziari. Assicurati di avere un piano per rimborsare i soldi presi in prestito e sii grato per il supporto.

Ricorda, chiedere aiuto finanziario non è un segno di debolezza, ma un segno di forza e determinazione per superare le sfide finanziarie. Non aver paura di cercare aiuto e risorse per aiutarti a raggiungere la stabilità finanziaria.

Evitare debiti inutili e alti tassi di interesse.

Evitare debiti inutili e alti tassi di interesse è uno dei passi principali per mantenere una sana vita finanziaria. Molte persone si trovano in una situazione debitoria perché non riescono a controllare la propria spesa e finiscono per accumulare interessi che, nel tempo, possono diventare insopportabili.

Per evitare debiti inutili e alti tassi di interesse, è importante avere una disciplina finanziaria. Una delle prime cose che puoi fare è creare un budget realistico, tenendo conto di tutte le tue spese e entrate mensili. Con un budget ben definito, puoi controllare meglio le tue spese e ridurre le spese inutili.

Un altro consiglio importante è quello di evitare un uso eccessivo delle carte di credito. Sebbene queste carte possano essere utili in molte situazioni, possono anche essere pericolose se usate in modo improprio. È importante utilizzare la carta di credito solo quando si è certi di poter saldare il conto per intero a fine mese.

Inoltre, prima di effettuare qualsiasi acquisto a rate, è importante verificare che i tassi di interesse non siano abusivi. Spesso il valore totale dell'acquisto a rate può essere molto superiore al valore del prodotto stesso, a causa degli interessi. Pertanto, è fondamentale leggere attentamente i termini del contratto prima di chiudere un pagamento rateale.

Sii grato per quello che hai e per quello che hai già realizzato finanziariamente.

Essere grati è un atteggiamento importante da avere in molte aree della vita, comprese le finanze. È comune che, concentrandosi solo sugli obiettivi da raggiungere, le persone finiscano per dimenticare di dare valore a ciò che già hanno e hanno raggiunto finora.

Pertanto, è importante coltivare la gratitudine nei confronti del denaro e dei risultati finanziari, anche se sembrano piccoli. Ringraziare per la capacità di lavorare e generare reddito, per il denaro che permette di soddisfare desideri e bisogni, per l'accesso a servizi e prodotti che possono migliorare la qualità della vita, sono solo alcuni modi per mostrare gratitudine.

Essendo grato per ciò che hai già, puoi avere più chiarezza per fissare obiettivi e traguardi finanziari futuri.

Questo perché la gratitudine aiuta a sviluppare una prospettiva positiva e realistica in relazione alle finanze, evitando che le persone cadano in trappole come il consumismo sfrenato, l'invidia o la ricerca di più soldi ad ogni costo.

È importante sottolineare che essere grati non significa accomodare o smettere di cercare migliori opportunità finanziarie. Al contrario, la gratitudine dovrebbe essere un punto di partenza per stabilire traguardi e obiettivi finanziari più ambiziosi e realistici.

Coltivare la gratitudine per il denaro e i risultati finanziari è un modo per rimanere motivati e finanziariamente consapevoli, evitare comportamenti malsani e trovare un sano equilibrio tra esigenze finanziarie, desideri e obiettivi.

Impara ad affrontare la pressione sociale per spendere soldi per cose costose.

La pressione sociale per spendere soldi in cose costose è una realtà che molte persone affrontano. Può essere difficile resistere a questa pressione e rimanere fedele ai tuoi obiettivi finanziari, ma è importante ricordare che le tue priorità finanziarie dovrebbero essere determinate da te, non da altri.

Per far fronte a questa pressione, inizia definendo chiaramente i tuoi obiettivi finanziari e ciò che è importante per te. Chiediti cosa apprezzi di più: spendere soldi per cose che ti portano piacere a breve termine o risparmiare per raggiungere i tuoi obiettivi finanziari a lungo termine, come comprare una casa, andare in pensione o saldare un debito.

Quindi impara a dire di no in modo educato e assertivo. Non devi giustificare le tue scelte finanziarie, ma è importante spiegare i tuoi obiettivi e le tue priorità. Puoi dire qualcosa del tipo: "Apprezzo il tuo suggerimento, ma in questo momento sto risparmiando per raggiungere un obiettivo finanziario importante per me". Se le persone continuano a insistere, sii fermo e ripeti la tua posizione.

Infine, ricorda che le cose materiali non portano felicità duratura. Concentrati sulla costruzione di relazioni ed esperienze significative piuttosto che sull'accumulo di beni materiali. Sii aperto all'esplorazione di opzioni più economiche, come viaggi più economici o ristoranti meno costosi, e condividi queste esperienze con amici e familiari.

Per affrontare la pressione sociale a spendere soldi per cose costose, è importante essere chiari sulle priorità e sugli obiettivi finanziari, essere decisi nel dire di no e ricordare che le esperienze e le relazioni significative sono più preziose dei beni materiali costosi.

Investi in te stesso, nella tua formazione e nelle tue capacità.

Investire in te stesso può essere una delle migliori decisioni finanziarie che chiunque possa prendere. L'istruzione e lo sviluppo delle competenze possono aiutarti ad aumentare il tuo reddito, aprire nuove opportunità di carriera e creare un futuro finanziario più sicuro.

Ci sono molti modi per investire su te stesso e l'istruzione è uno di questi. Questo non significa che devi tornare a scuola e ottenere una laurea o una laurea. Esistono molte opzioni educative a prezzi accessibili, come corsi online, workshop, webinar e programmi di formazione che possono aiutarti a sviluppare competenze specifiche per il tuo campo.

È anche importante investire nelle capacità del tuo personale come la comunicazione, la leadership e la risoluzione dei problemi. Queste abilità possono essere sviluppate attraverso una formazione specializzata, la lettura di libri e il networking.

Un altro modo per investire su te stesso è attraverso attività di salute fisica e mentale. Mantenere uno stile di vita sano può aiutare ad aumentare la produttività, ridurre lo stress e migliorare la qualità della vita.

Investire in te stesso può sembrare un lusso all'inizio, ma è un investimento che può portarti benefici finanziari e personali a lungo termine. Ricorda che il denaro speso per la tua istruzione e le tue competenze è un investimento nella tua capacità di guadagnare denaro e creare un futuro finanziario più sicuro e prospero.

Sii paziente e coerente nei tuoi sforzi finanziari.

Quando si tratta di finanze, molti di noi vogliono risultati immediati. Vogliamo ripagare rapidamente i debiti, aumentare le nostre entrate in un batter d'occhio e accumulare ricchezza all'istante. Tuttavia, la vera costruzione di ricchezza e stabilità finanziaria richiede pazienza e coerenza.

Molte volte le persone rinunciano ai loro sforzi finanziari perché non vedono risultati immediati. Tuttavia, è importante capire che la creazione di ricchezza è un processo graduale e richiede tempo. Ci vuole pazienza per raggiungere obiettivi finanziari a lungo termine.

Inoltre, la coerenza è la chiave per raggiungere il successo finanziario. Ciò significa essere disciplinati riguardo alle tue abitudini finanziarie, anche quando il gioco si fa duro. Significa risparmiare regolarmente, investire in modo coerente e rimanere nei limiti del budget anche quando ci sono tentazioni di spendere troppo.

Una delle chiavi per la coerenza finanziaria è la creazione di un piano realistico e realizzabile per le tue finanze. Ciò può includere la definizione di obiettivi finanziari specifici, la definizione di un budget realistico e la creazione di un piano di investimenti coerente. Seguendo questo piano, puoi rimanere in pista anche quando il gioco si fa duro.

È importante ricordare che la pazienza e la coerenza sono fondamentali per raggiungere il successo finanziario. Se stai cercando di costruire ricchezza e stabilità finanziaria a lungo termine, devi essere disposto a essere paziente e coerente nei tuoi sforzi finanziari. Ricorda che costruire ricchezza è un processo graduale e richiede tempo. Con pazienza e coerenza, puoi raggiungere i tuoi obiettivi finanziari e costruire un futuro finanziario sicuro e stabile.

Sii responsabile ed etico nei tuoi rapporti finanziari.

Essere responsabili ed etici nei tuoi rapporti finanziari è una caratteristica fondamentale di una persona rispettabile e di successo. Ciò comporta un comportamento onesto e con integrità in tutte le attività finanziarie, inclusi investimenti, negoziazioni e prestiti.

Agendo in modo etico, costruisci una reputazione positiva che può essere vantaggiosa per la tua attività e le tue finanze a lungo termine. Ciò significa evitare pratiche disoneste o illegali come la frode, la corruzione e l'evasione fiscale. Inoltre, devi soddisfare i tuoi obblighi finanziari, come pagare i tuoi debiti in tempo e onorare i contratti.

Essere finanziariamente responsabili significa anche pianificare le proprie finanze in modo attento e coscienzioso. Ciò include la creazione di un budget personale, il controllo delle spese e l'investimento responsabile del denaro. Inoltre, è importante essere consapevoli dei rischi connessi a qualsiasi investimento o transazione finanziaria e prendere decisioni informate in base ai propri obiettivi finanziari e al livello di comfort.

Essendo etico e responsabile nei tuoi rapporti finanziari, costruisci una solida base per il tuo futuro finanziario e sviluppi una reputazione positiva nel mercato finanziario. Questo può portare opportunità di business e aumentare le tue possibilità di successo finanziario a lungo termine. Ricorda sempre di agire con integrità, onestà e responsabilità in tutte le tue attività finanziarie.

Non confrontarti finanziariamente con gli altri; ogni persona ha un viaggio unico.

Confrontarsi finanziariamente con gli altri può essere una trappola pericolosa. Ogni individuo ha una traiettoria finanziaria unica, con le proprie circostanze, opportunità e sfide. Quando ti confronti con altre persone, potresti provare invidia, frustrazione o persino disperazione. Queste emozioni possono portarti a prendere decisioni finanziarie poco sagge o a dubitare delle tue stesse scelte.

È importante ricordare che ogni persona ha i propri obiettivi finanziari e un approccio personalizzato per raggiungerli. Alcune persone possono scegliere di risparmiare di più in un dato momento, mentre altre potrebbero preferire investire nella propria attività o attività personali. Ciò che funziona per una persona potrebbe non funzionare per un'altra, ed è del tutto normale.

Invece di confrontarti con altre persone, concentrati sui tuoi obiettivi finanziari e sul progresso personale. Stabilisci obiettivi realistici per te stesso, crea un budget che funzioni per le tue esigenze e sforzati di risparmiare e investire con saggezza. Ricorda che il viaggio finanziario è una maratona, non uno sprint. Ci vuole tempo per costruire ricchezza e stabilità finanziaria, ed è importante essere pazienti e coerenti nei tuoi sforzi.

Inoltre, ricorda che la felicità e il benessere non sono necessariamente legati al denaro. È facile perdersi nella corsa per guadagnare di più, ma è importante ricordare che la felicità può essere trovata in molti altri ambiti della vita, come le relazioni, gli hobby e le esperienze. Concentrati sulla ricerca di un sano equilibrio tra la tua vita finanziaria e gli altri tuoi obiettivi e passioni.

Non confrontarti finanziariamente con altre persone. Ogni individuo ha un viaggio unico e un approccio personalizzato ai propri obiettivi finanziari. Invece, concentrati sui tuoi obiettivi e progressi, sii paziente, coerente ed equilibrato nei tuoi sforzi finanziari.

Fai scelte finanziarie consapevoli in linea con i tuoi valori personali.

Fare scelte finanziarie consapevoli in linea con i propri valori personali è un passo importante verso il raggiungimento della stabilità finanziaria e della felicità. È comune lasciarsi trasportare dalla pubblicità e dalle pressioni sociali per spendere soldi per cose che spesso non aggiungono valore alla nostra vita e ci lasciano insoddisfatti.

Sviluppando la consapevolezza finanziaria e comprendendo quali sono i tuoi valori personali, avrai maggiori probabilità di fare scelte finanziarie sane in linea con i tuoi obiettivi e le tue esigenze. Ad esempio, se apprezzi la sostenibilità, potresti scegliere di investire in prodotti e servizi ecologici e sostenibili.

È anche importante evitare di cadere nella trappola del consumo sfrenato, che può portare a debiti e problemi finanziari. Invece, adotta uno stile di vita più semplice e minimalista, valorizzando le esperienze e le relazioni rispetto ai beni materiali.

Prendendo decisioni finanziarie consapevoli in linea con i tuoi valori personali, avrai maggiori probabilità di sentirti realizzato e soddisfatto delle tue scelte, oltre a contribuire a costruire un futuro finanziario più stabile e prospero. Ricorda sempre che il denaro dovrebbe essere un mezzo per raggiungere i tuoi obiettivi e non un fine in sé.

Rimani aggiornato sulle tendenze finanziarie e di investimento.

Per avere successo finanziario, è importante rimanere aggiornati sulle tendenze finanziarie e di investimento. Il mondo finanziario è in continua evoluzione e stare al passo con questi cambiamenti è essenziale per prendere decisioni informate sulle proprie finanze.

Esistono diversi modi per rimanere aggiornati sulle tendenze finanziarie. Uno è leggere libri e articoli sulla finanza personale e sugli investimenti. Ci sono molti ottimi libri scritti da esperti finanziari che possono aiutarti a capire meglio come funziona il mondo finanziario.

Inoltre, è importante tenere il passo con le notizie finanziarie ed economiche. Le notizie finanziarie possono fornire informazioni importanti sulla performance del mercato azionario , sui tassi di interesse, sulle fluttuazioni valutarie e su altri fattori che possono influenzare i tuoi investimenti.

È anche importante essere consapevoli delle tendenze degli investimenti. Le tendenze possono cambiare rapidamente ed è importante essere consapevoli delle opportunità e dei rischi che possono comportare. Ad esempio, attualmente c'è una tendenza crescente verso gli investimenti in criptovalute e aziende che lavorano con tecnologie dirompenti.

Inoltre, sono disponibili molti corsi e programmi educativi per aiutarti a rimanere aggiornato sulle tendenze finanziarie. Questi programmi possono essere offerti da università, società di investimento o altre organizzazioni finanziarie.

Rimanere aggiornati sulle tendenze finanziarie e di investimento è essenziale per prendere decisioni finanziarie informate e raggiungere i propri obiettivi finanziari. Ricorda che le tendenze possono cambiare rapidamente ed è importante essere sempre consapevoli delle opportunità e dei rischi che possono comportare.

Capitolo 2: Finanza personale per giovani laureati

Come iniziare a risparmiare subito dopo la laurea.

Dopo la laurea, molti giovani laureati entrano nel mercato del lavoro con uno stipendio modesto e la necessità di adattarsi a una nuova routine di spesa. Questo è quando la capacità di risparmiare denaro diventa essenziale. La buona notizia è che con poche semplici modifiche, puoi iniziare a risparmiare ora e assicurarti un futuro finanziario stabile.

Il primo passo è creare un budget realistico e rispettarlo. Annota tutte le tue spese fisse, come l'affitto, il cibo e le bollette, e includi un importo per il tempo libero e le spese variabili. Fissando un limite alla tua spesa, puoi evitare di spendere più di quanto guadagni e di indebitarti.

In secondo luogo, cerca modi per risparmiare sulle spese quotidiane. Piccoli cambiamenti, come portare il pranzo da casa invece di mangiare fuori tutti i giorni, possono fare una grande differenza a lungo termine. Inoltre, considera alternative più economiche come andare in bicicletta o utilizzare i mezzi pubblici invece di guidare.

In terzo luogo, considera l'apertura di un conto di risparmio. Anche se inizi con piccoli importi, come R$ 50,00 al mese, questi importi si accumuleranno nel tempo e diventeranno una riserva finanziaria che può essere utilizzata in caso di emergenza o per raggiungere obiettivi a lungo termine, come l'acquisto di un'auto o di beni immobili. proprietà.

Un altro consiglio importante è quello di evitare il debito della carta di credito o prestiti non necessari. Se hai bisogno di credito, cerca opzioni a basso interesse e leggi attentamente i termini dell'accordo prima di firmare. Ricorda che questi debiti possono accumularsi rapidamente e rendere difficile la tua vita finanziaria in futuro.

Infine, non dimenticare di investire nella tua educazione finanziaria. Leggi libri sulla finanza personale, segui blog e canali specializzati in finanza e chiedi consiglio a persone esperte. Imparare a gestire i tuoi soldi con saggezza è un'abilità fondamentale che ti porterà benefici per tutta la vita.

Risparmiare denaro fin dalla tenera età è la chiave per garantire una vita finanziaria stabile e senza debiti. Inizia subito ad apportare piccoli cambiamenti al tuo stile di vita e crea una solida base per il futuro.

Come creare un piano di investimento su misura per le tue esigenze e i tuoi obiettivi finanziari.

Avere un piano di investimento personalizzato può aiutarti a raggiungere i tuoi obiettivi finanziari a lungo termine. Dopotutto, investire denaro è uno dei modi più efficaci per aumentare la tua ricchezza. Tuttavia, non esiste un unico piano di investimento che funzioni per tutti. È essenziale creare un piano di investimento su misura per le tue esigenze e i tuoi obiettivi specifici.

Ecco alcuni passaggi che puoi seguire per creare un piano di investimento personalizzato:

Determina i tuoi obiettivi finanziari: prima di iniziare a investire, devi determinare i tuoi obiettivi finanziari. Stai risparmiando per una pensione comoda? Vuoi risparmiare per comprare casa? O stai pianificando una grossa spesa, come pagare per l'istruzione universitaria di tuo figlio? Identificare i tuoi obiettivi finanziari ti aiuterà a guidare il tuo piano di investimento.

Valuta il tuo profilo di rischio: il rischio è parte integrante di qualsiasi investimento. Ma il grado di rischio che sei disposto a correre dipende dalla tua tolleranza al rischio e dai tuoi obiettivi finanziari. Se hai un profilo di investitore conservativo, puoi scegliere di investire in prodotti finanziari a basso rischio, come i titoli di Stato. D'altra parte, se sei un investitore aggressivo, potresti essere disposto ad assumerti maggiori rischi per ottenere rendimenti maggiori.

Scegli le classi di attività: le classi di attività includono azioni, obbligazioni, immobili, materie prime e fondi comuni di investimento. Ogni classe di attività ha diversi livelli di rischio e rendimento. Una buona strategia di investimento prevede la diversificazione del portafoglio su più classi di attività per ridurre il rischio complessivo.

Scegli prodotti finanziari specifici: una volta che hai deciso in quali asset class vuoi investire, è il momento di scegliere prodotti finanziari specifici. Ad esempio, se desideri investire in azioni, puoi scegliere di acquistare singole azioni oppure puoi scegliere un fondo comune o un ETF (Exchange Traded Fund).

Adatta il tuo piano in base alle tue esigenze e circostanze: Infine, ricorda che il tuo piano di investimento è un documento vivente che deve essere adattato in base alle tue esigenze e circostanze. Ad esempio, se ti stai avvicinando alla pensione, potresti scegliere di modificare il tuo portafoglio per ridurre il rischio e garantire un flusso costante di reddito.

La creazione di un piano di investimento personalizzato può aiutarti a raggiungere i tuoi obiettivi finanziari a lungo termine. Seguendo questi passaggi e lavorando con un professionista finanziario qualificato, puoi creare un piano di investimento personalizzato che soddisfi le tue esigenze e i tuoi obiettivi unici.

Come pianificare la tua carriera per massimizzare il tuo reddito a lungo termine.

La pianificazione della carriera è una strategia importante per raggiungere il successo finanziario a lungo termine. Le persone spesso iniziano a lavorare senza pensare ai loro obiettivi a lungo termine, il che può portare a una carriera senza direzione e poco retribuita. Per massimizzare il reddito a lungo termine, è importante considerare alcuni aspetti della tua carriera.

Il primo passo è definire i tuoi obiettivi. Chiediti dove vuoi essere tra cinque, dieci o vent'anni. Questo può aiutarti a prendere decisioni sui lavori che persegui e sulle competenze che dovresti sviluppare.

Successivamente, è importante cercare opportunità di crescita professionale. Ciò potrebbe includere la partecipazione a corsi di specializzazione, il conseguimento di certificazioni o il conseguimento di una laurea. Il costante sviluppo di nuove competenze e l'acquisizione di conoscenze sono importanti per rimanere competitivi nel mercato del lavoro.

Un altro consiglio è quello di cercare aziende che offrano opportunità di crescita interna. Ciò significa che l'azienda offre opportunità di promozione e avanzamento all'interno dell'organizzazione. Trovando un'azienda che valorizza e investe nei suoi dipendenti, puoi avere la possibilità di raggiungere nuove vette e aumentare il tuo reddito.

Inoltre, è importante disporre di una buona rete di contatti professionali. Entra in contatto con colleghi, compagni di classe, insegnanti e altri professionisti del tuo settore. Possono offrire consigli, aiutare a trovare nuove opportunità e persino fungere da riferimento per lavori futuri.

Infine, ricorda che una carriera non è un percorso lineare. Sii aperto al cambiamento e alle nuove opportunità. A volte cambiare lavoro o settore può aiutarti a raggiungere i tuoi obiettivi finanziari a lungo termine.

Pianificare la tua carriera è una componente chiave per massimizzare il tuo reddito a lungo termine. Definire i tuoi obiettivi, cercare opportunità di crescita professionale, cercare aziende che valorizzino lo sviluppo dei propri dipendenti, costruire una rete di contatti ed essere aperto al cambiamento può aiutarti a raggiungere i tuoi obiettivi finanziari e professionali.

Come gestire il debito degli studenti dopo la laurea.

Dopo la laurea, molti giovani si trovano di fronte alla realtà di dover affrontare il debito degli studenti. Pagare questi debiti può sembrare scoraggiante, ma con la pianificazione e alcuni suggerimenti utili, puoi gestire il debito in modo efficiente.

Ecco alcuni suggerimenti per aiutarti a gestire il tuo debito studentesco:

Comprendere i termini e le condizioni: è importante comprendere i termini del prestito studentesco, come il tasso di interesse e il termine di pagamento. Assicurati di sapere quanto devi pagare, quando devi pagarlo e come pagarlo.

Creare un piano di pagamento: è importante creare un piano di pagamento realistico e praticabile per evitare pagamenti in ritardo e inadempienze. Puoi dividere l'importo totale del tuo debito in rate mensili e fissare una scadenza per pagarle.

Considera il consolidamento del prestito: il consolidamento dei tuoi prestiti può essere una buona opzione se hai più prestiti studenteschi con tassi di interesse diversi. Il consolidamento del prestito ti consente di combinare i tuoi prestiti in uno con un tasso di interesse generalmente inferiore.

Cerca programmi di perdono del prestito: alcuni programmi offrono il perdono del prestito per le persone che lavorano in determinati campi, come i servizi pubblici, le organizzazioni non profit e l'istruzione. Verifica se esistono programmi di condono del prestito per i quali sei idoneo.

Considera il rifinanziamento: il rifinanziamento può essere un'opzione se hai una buona storia creditizia e un alto tasso di interesse sui prestiti agli studenti. Il rifinanziamento ti consente di ottenere un nuovo prestito a un tasso di interesse inferiore per ripagare i tuoi vecchi prestiti studenteschi.

Gestire il debito degli studenti può essere impegnativo, ma con una pianificazione e un piano d'azione realistico, puoi superare questa fase finanziaria. Ricorda che la gestione del debito è un'abilità importante che può aiutarti a gettare solide basi finanziarie per il futuro.

Suggerimenti per trovare un lavoro che offra benefici finanziari, come un piano pensionistico privato.

Trovare un lavoro che offra vantaggi finanziari può essere una delle cose migliori che puoi fare per la tua vita finanziaria. Uno dei vantaggi finanziari più preziosi è un piano pensionistico privato. Questo tipo di piano può aiutarti a risparmiare per la pensione e darti tranquillità finanziaria lungo il percorso.

Cerca l'azienda prima di candidarti: prima di fare domanda per un lavoro, cerca l'azienda per vedere se offre un piano pensionistico privato e quali opzioni sono disponibili. Questo può aiutarti a valutare se l'azienda è adatta a te.

Chiedi durante il colloquio: durante il colloquio, è una buona idea chiedere informazioni sui vantaggi offerti dall'azienda, incluso il piano pensionistico privato. Questo può aiutarti a comprendere meglio il pacchetto di vantaggi e prendere una decisione informata.

Considera il pacchetto di benefici nel suo insieme: sebbene un piano pensionistico privato sia un vantaggio finanziario prezioso, è importante valutare il pacchetto di benefici nel suo insieme. Considera fattori come ferie pagate, cure mediche e dentistiche, assicurazioni sulla vita e altri benefici che potrebbero essere preziosi per te.

Valuta le opzioni di investimento: se l'azienda offre un piano pensionistico privato, assicurati di valutare le opzioni di investimento disponibili. Verifica le opzioni di investimento che corrispondono ai tuoi obiettivi finanziari e al livello di rischio.

Versa contributi regolari: se scegli di partecipare a un piano pensionistico privato, è importante versare contributi regolari. Prima inizi a contribuire, più tempo avrà il tuo denaro per crescere e più facile sarà raggiungere i tuoi obiettivi finanziari a lungo termine.

Trovare un lavoro che offra un piano pensionistico privato può essere un grande passo verso il miglioramento della tua situazione finanziaria a lungo termine. Effettuando ricerche sull'azienda, ponendo domande durante il colloquio, valutando il pacchetto di benefici, valutando le opzioni di investimento e versando contributi regolari, puoi muovere i primi passi verso una vita finanziaria più sicura e serena. Sebbene in Brasile molte aziende non abbiano questo tipo di benefit , è necessario che si inizi a cercare aziende che offrano benefit al lavoratore, pensando al periodo di post-produttività.

Suggerimenti per negoziare stipendi e benefici durante i colloqui di lavoro.

La negoziazione di salari e benefici è un passo importante per chi cerca lavoro. Tuttavia, molte persone sono insicure e non sanno come affrontare l'argomento. La negoziazione dello stipendio non deve essere un animale a sette teste, preparati e segui alcuni suggerimenti.

Prima di iniziare a negoziare, è importante fare ricerche sul mercato e scoprire qual è lo stipendio medio per il ruolo che stai cercando. In questo modo, avrai un'idea di quanto puoi chiedere senza esagerare.

Un altro suggerimento è quello di elencare le tue capacità ed esperienze che ti rendono un valido candidato per l'azienda. Con queste informazioni in mano, puoi dimostrare perché meriti uno stipendio più alto.

Oltre allo stipendio, è importante negoziare i benefit offerti dall'azienda. Buoni pasto, piano sanitario, assicurazione sulla vita e piano pensionistico privato sono alcuni esempi di benefici che possono essere discussi durante la trattativa.

Durante il colloquio, sii chiaro e obiettivo quando parli delle tue aspettative e dei tuoi benefici salariali. È importante dimostrare che apprezzi il lavoro e l'azienda, ma che cerchi una retribuzione equa e benefit adatti alle tue esigenze.

Ricorda che la negoziazione dello stipendio è una strada a doppio senso, cioè devi essere disposto a scendere a compromessi su alcuni punti per ottenere ciò che desideri. Ad esempio, se l'azienda non può offrire uno stipendio più alto, potrebbe offrire maggiori vantaggi o opportunità di crescita professionale.

La negoziazione di stipendi e benefici richiede preparazione, ricerca e obiettività. Con questi suggerimenti in mente, puoi sentirti più sicuro e sicuro durante il colloquio e raggiungere un accordo reciprocamente soddisfacente.

Come trovare modi per guadagnare soldi extra nel tuo tempo libero.

Se vuoi guadagnare soldi extra nel tuo tempo libero, ci sono molte opzioni a tua disposizione. Dai lavori freelance agli sforzi creativi, ci sono molti modi per generare entrate aggiuntive. Ecco alcune idee per iniziare:

Lavoro freelance: se hai competenze in settori come la scrittura, la progettazione grafica, la programmazione, la traduzione o il montaggio video, puoi offrire i tuoi servizi come freelance su siti specializzati come Upwork, Freelancer e Workana .

Vendita di prodotti fatti a mano: se sei abile, puoi vendere le tue creazioni online, nei mercatini locali o nel tuo negozio online. Puoi realizzare gioielli, oggetti decorativi, vestiti, tra gli altri.

Affitto di proprietà: se possiedi una proprietà, puoi affittarla per generare reddito passivo. Esistono diverse piattaforme online come Airbnb che aiutano a mettere in contatto i proprietari di immobili con i turisti.

Vendita di prodotti su Internet: se ti piace vendere prodotti, puoi creare un negozio virtuale per vendere articoli come abbigliamento, accessori, elettronica, articoli sportivi, tra gli altri.

Marketing di affiliazione: puoi promuovere i prodotti di altre persone sul tuo sito Web o blog e ricevere una commissione quando qualcuno effettua un acquisto tramite il tuo link di affiliazione.

Vendita di foto: se ti piace la fotografia, puoi vendere le tue foto su siti come Shutterstock , iStock e Getty Images .

Partecipazione a sondaggi online: alcune aziende pagano gli utenti per partecipare a sondaggi online. Siti come Toluna e Swagbucks offrono questa opportunità.

Lezioni private: se sei un esperto in un'area specifica, come matematica, inglese o musica, puoi offrire lezioni private a casa tua o online.

Vendita di beni usati: se hai vestiti, dispositivi elettronici o mobili in buone condizioni che non usi più, puoi venderli online su siti come OLX o nei negozi dell'usato locali.

Servizi di consegna: puoi lavorare come fattorino per aziende come Uber Eats , Rappi o iFood .

Questi sono solo alcuni dei tanti modi per guadagnare soldi extra nel tuo tempo libero. Assicurati di scegliere un'opzione adatta al tuo profilo e alle tue capacità e che ti permetta di bilanciare il tuo tempo con altre responsabilità e impegni.

Come avviare un'impresa ed essere un imprenditore.

Se sei un giovane laureato, l'idea di diventare un imprenditore può sembrare un po' intimidatoria. Tuttavia, molti giovani scelgono di intraprendere questa strada e avviare un'attività in proprio. Se sei uno di quei giovani, ecco alcuni suggerimenti per aiutarti a iniziare:

Identifica un'esigenza: inizia identificando un'esigenza o un problema che puoi risolvere con il tuo prodotto o servizio. Questo potrebbe essere qualcosa con cui hai già esperienza o qualcosa che ti appassiona e vuoi esplorare.

Ricerca sul mercato: condurre ricerche per comprendere meglio il mercato e la concorrenza. Questo ti aiuterà a determinare se c'è spazio per la tua attività e come puoi differenziarti.

Redigere un business plan: un business plan è essenziale per qualsiasi impresa. Ti aiuterà a delineare la tua idea, definire la tua strategia e tracciare una tabella di marcia per raggiungere i tuoi obiettivi.

Cerca mentori: cerca mentori o persone che hanno già esperienza nel tuo stesso settore. Possono fornire preziose indicazioni e consigli per aiutarti a evitare errori comuni.

Inizia in piccolo: non preoccuparti di avviare la tua attività con molte risorse o grandi aspettative. Inizia con un semplice modello di business e metti alla prova le tue idee prima di investire più risorse.

Rimani aggiornato: tieniti aggiornato sulle tendenze del mercato e sulle mutevoli esigenze dei clienti. Questo ti aiuterà a mantenere la tua attività competitiva e pertinente.

Impara ad affrontare le sfide: Essere un imprenditore è una sfida costante. Preparati ad affrontare le sfide e impara dai tuoi errori. Non scoraggiarti di fronte agli ostacoli, ma sfruttali come un'opportunità per crescere ed evolvere.

Ricorda che avviare un'impresa può essere un viaggio emozionante e gratificante, ma richiede duro lavoro e dedizione. Con i suggerimenti di cui sopra, puoi iniziare il tuo viaggio come imprenditore in modo solido e coerente.

Come creare un piano pensionistico per il futuro.

Quando pensiamo alla pensione, è comune immaginare una fase della vita in cui non abbiamo più bisogno di lavorare e possiamo godere dei frutti del nostro lavoro nel corso degli anni. Tuttavia, per molte persone, il pensionamento può essere un periodo di incertezza finanziaria se non adeguatamente pianificato.

Pertanto, la creazione di un piano pensionistico è essenziale per garantire una vita comoda e finanziariamente stabile in futuro. Ecco alcuni suggerimenti per iniziare:

Imposta il tuo obiettivo di pensionamento: prima di iniziare a investire per la pensione, è importante sapere quanti soldi ti serviranno per mantenere il tuo stile di vita da pensionato. Stima il costo della vita e calcola quanto denaro ti servirà per risparmiare.

Inizia a risparmiare presto: prima inizi a risparmiare per la pensione, più tempo hai per far crescere e accumulare i tuoi soldi. Inizia a investire regolarmente e adotta un piano di investimento diversificato.

Approfitta di un piano pensionistico fornito dal datore di lavoro: se il tuo datore di lavoro offre un piano pensionistico, come il piano pensionistico privato, approfittane. Spesso il datore di lavoro contribuisce con una parte del denaro e l'investimento viene effettuato automaticamente, il che può contribuire a creare risparmi per la pensione.

Prendi in considerazione altre opzioni di investimento pensionistico: oltre ai piani pensionistici privati, esistono altre opzioni di investimento pensionistico, come fondi comuni di investimento e azioni. È importante ricordare che tutti gli investimenti comportano dei rischi ed è importante conoscere le opzioni prima di investire.

Rimani aggiornato: le leggi e i regolamenti relativi alle pensioni cambiano frequentemente. È importante rimanere aggiornati su questi cambiamenti e adattare di conseguenza il proprio piano pensionistico.

La creazione di un piano pensionistico può sembrare intimidatoria, ma è un passo importante per garantire un futuro finanziariamente stabile. Inizia a risparmiare in anticipo, approfitta dei benefici del piano pensionistico fornito dal datore di lavoro e considera altre opzioni di investimento. Tieniti aggiornato e adatta il tuo piano man mano che il mercato cambia e le tue esigenze finanziarie cambiano.

I primi passi per diventare finanziariamente indipendenti.

La ricerca dell'indipendenza finanziaria è un obiettivo perseguito da molte persone, ma non tutti sanno da dove cominciare. Il processo può sembrare scoraggiante, ma con pochi semplici passaggi puoi muovere i primi passi verso la libertà finanziaria.

Il primo passo per diventare finanziariamente indipendenti è definire i tuoi obiettivi finanziari a lungo termine. Cosa vuoi ottenere finanziariamente nei prossimi anni? Ciò potrebbe includere il pagamento del debito, l'acquisto di una proprietà, la creazione di un fondo di emergenza o l'investimento per la pensione. È importante essere chiari sui propri obiettivi per poter elaborare un piano d'azione.

Il secondo passo è prendere il controllo delle tue finanze. Ciò include il monitoraggio delle spese e l'identificazione delle aree in cui è possibile risparmiare. Fai un sondaggio su tutte le tue spese mensili e vedi dove puoi ridurre i costi. Potrebbe essere qualcosa di semplice come ridurre la frequenza con cui mangi fuori o annullare gli abbonamenti che non usi più.

Il terzo passo è stabilire un budget. Definisci quanto puoi spendere in ogni categoria di spesa e segui rigorosamente quel piano. È importante riservare una parte del reddito per investimenti o risparmi.

Il quarto passo è iniziare a investire. Cerca di capire le diverse opzioni di investimento disponibili e scegli quella più adatta ai tuoi obiettivi e al tuo profilo di rischio. Ricordati di diversificare i tuoi investimenti, questo aiuta a ridurre i rischi e ad aumentare i guadagni.

Il quinto passo è mantenere la disciplina finanziaria e concentrarsi sui propri obiettivi. Ciò significa evitare spese inutili, mantenere le tue finanze in ordine e continuare a investire nella tua educazione finanziaria. Nel tempo, i tuoi risparmi e i tuoi sforzi di investimento inizieranno a sommarsi, permettendoti di raggiungere l'indipendenza finanziaria e la libertà di fare scelte finanziarie più consapevoli e sicure.

Ricorda che il processo per diventare finanziariamente indipendenti è un viaggio, non una gara. Ci vogliono tempo e impegno, ma è possibile raggiungere i propri obiettivi finanziari con pazienza, disciplina e perseveranza.

Come fissare obiettivi finanziari realistici e raggiungibili.

Stabilire obiettivi finanziari è una parte essenziale della gestione delle finanze personali. Senza obiettivi chiari, è facile perdersi lungo la strada e spendere soldi inutilmente. Tuttavia, è importante fissare obiettivi realistici e raggiungibili per evitare di sentirsi scoraggiati o frustrati.

Il primo passo nella definizione degli obiettivi finanziari è identificare ciò che è importante per te e quali sono le tue priorità. Alcune persone potrebbero voler risparmiare denaro per un viaggio, mentre altri potrebbero voler risparmiare per la proprietà della casa o la pensione. Indipendentemente dall'obiettivo, è importante stabilire obiettivi specifici e misurabili.

Una volta identificati i tuoi obiettivi, è importante creare un piano d'azione per raggiungerli. Ciò può includere la creazione di un budget, il taglio di spese non necessarie e la considerazione di modi per guadagnare denaro extra. Può anche includere l'impostazione di scadenze realistiche per i tuoi obiettivi, in base alle tue attuali risorse finanziarie.

Inoltre, è importante essere flessibili e adattare i propri piani man mano che cambiano le circostanze finanziarie. Se scopri che i tuoi obiettivi stanno diventando irraggiungibili, potrebbe essere necessario modificarli o posticipare il loro raggiungimento.

Ricorda che raggiungere i tuoi obiettivi finanziari può richiedere tempo e impegno, ma ne vale la pena. Fissando obiettivi realistici e realizzabili e creando un piano d'azione per raggiungerli, sarai sulla buona strada per una vita finanziaria più sicura e stabile.

Suggerimenti per la gestione delle spese e il controllo del budget.

Gestire le spese e controllare il budget è un'abilità importante per avere una vita finanziaria sana. Con alcuni semplici consigli, puoi iniziare a gestire le tue finanze in modo più efficiente ed evitare debiti inutili.

Il primo passo per gestire le tue spese è avere un'idea chiara di quanti soldi hai a disposizione ogni mese. Inizia registrando tutte le tue fonti di entrate e uscite in un foglio di calcolo. Ciò ti consentirà di visualizzare dove stanno andando i tuoi soldi e identificare le aree in cui puoi risparmiare.

Una volta che hai un'idea chiara delle tue entrate e uscite, è il momento di creare un budget. Ciò comporta la definizione di obiettivi per la tua spesa mensile in varie categorie, come alloggio, trasporti, cibo e intrattenimento. Assicurati che i tuoi oblettivi siano realistici e riflettano i tuoi valori e le tue priorità personali.

Una volta che hai un budget, è importante tenere traccia delle tue spese per assicurarti di rimanere nei tuoi obiettivi mensili. Esistono molte app di finanza personale che possono aiutarti a tenere traccia delle tue spese in tempo reale e persino a inviarti notifiche quando ti avvicini ai tuoi limiti.

Un altro consiglio importante per la gestione delle spese è ridurre le spese inutili. Ciò potrebbe comportare la riduzione delle spese di intrattenimento, la riduzione dell'uso delle carte di credito o la riduzione dei servizi in abbonamento che non utilizzi regolarmente. Approfitta delle opportunità per risparmiare sul cibo scegliendo opzioni più economiche al supermercato, preparando i pasti a casa ed evitando di mangiare fuori regolarmente.

Infine, è importante disporre di un piano per risparmiare denaro per le emergenze e obiettivi a lungo termine come possedere una casa o una pensione confortevole. Assicurati di includere un importo fisso nel tuo budget di risparmio e lavora per aumentarlo nel tempo.

Gestire le spese e controllare il budget è la chiave per una sana vita finanziaria. Con un po' di pianificazione e disciplina, puoi fissare obiettivi realistici, ridurre le spese inutili e risparmiare denaro per il futuro.

Come trovare le migliori offerte sui servizi finanziari come l'auto e l'assicurazione sanitaria.

Trovare le migliori offerte sui servizi finanziari può essere difficile, ma con un po' di ricerca e pazienza, puoi risparmiare un sacco di soldi. Alcune delle aree più importanti da considerare sono l'assicurazione auto, la salute e i conti bancari. Ecco alcuni suggerimenti per trovare le migliori offerte in ciascuna di queste aree:

Assicurazione auto: il modo migliore per trovare un buon affare sull'assicurazione auto è guardarsi intorno e confrontare le quotazioni di diverse compagnie assicurative. Assicurati di confrontare le coperture e le franchigie offerte, nonché le tariffe premium. Inoltre, considera di modificare il tuo piano assicurativo per ridurre i costi, ad esempio aumentando la franchigia o optando per una copertura di responsabilità inferiore.

Salute: se stai cercando un piano sanitario più conveniente, considera le opzioni disponibili sul mercato. Puoi optare per un piano sanitario condiviso, che può fornire una copertura più conveniente per te e la tua famiglia.

Conti bancari: controlla i tassi di interesse e le spese di mantenimento su vari conti bancari per trovare l'affare migliore. Inoltre, prendi in considerazione l'utilizzo di un account digitale, che potrebbe offrire tariffe inferiori o addirittura nessuna commissione. Assicurati di controllare anche le promozioni sui nuovi account che le banche potrebbero offrire, come bonus in contanti o commissioni ridotte per un determinato periodo di tempo.

In tutte le aree, è importante leggere la stampa fine e controllare i costi nascosti. Inoltre, assicurati che il piano che scegli soddisfi le tue esigenze specifiche. Con un piccolo sforzo e ricerca, puoi risparmiare un sacco di soldi sui principali servizi finanziari.

Come risparmiare denaro quando si acquistano generi alimentari e altre necessità.

Risparmiare denaro quando si acquistano generi alimentari e altre necessità è un compito importante per tenere sotto controllo le proprie finanze personali. Ecco alcuni suggerimenti che possono aiutarti a risparmiare denaro durante lo shopping.

Fai una lista della spesa: prima di andare al supermercato, fai una lista di tutto ciò di cui hai bisogno. Questo aiuta ad evitare acquisti inutili ed evita spese extra.

Acquista cibi di stagione: i cibi di stagione tendono ad essere più economici e più freschi. Inoltre, puoi approfittare delle promozioni stagionali.

Cerca sconti: controlla gli opuscoli di vendita del supermercato e usa i coupon per approfittare degli sconti su cibo e altri prodotti.

Acquista all'ingrosso: l'acquisto di articoli all'ingrosso, come riso, pasta e fagioli, può essere più conveniente a lungo termine.

Evita gli acquisti impulsivi: gli acquisti impulsivi possono aumentare le tue spese. Se vedi qualcosa che desideri acquistare, aggiungilo alla tua lista dei desideri e attendi finché non te lo puoi effettivamente permettere.

Acquista all'ingrosso: l'acquisto di prodotti all'ingrosso può essere un buon modo per risparmiare denaro, ma assicurati di aver davvero bisogno della quantità che stai acquistando.

Non andare al supermercato affamato: Fare la spesa affamato può portarti a comprare cibo inutile e più costoso.

Evita gli sprechi alimentari: pianifica i tuoi pasti in anticipo e usa gli avanzi dei pasti precedenti per evitare sprechi alimentari.

Acquista marchi generici: i marchi generici sono generalmente più economici e spesso altrettanto buoni dei marchi famosi.

Usa le carte fedeltà: molti supermercati offrono carte fedeltà che ti permettono di accumulare punti che possono essere convertiti in sconti o altri vantaggi.

Seguendo questi semplici consigli, puoi risparmiare denaro quando acquisti generi alimentari e altre necessità, che possono aiutarti a mantenere in ordine le tue finanze personali. Ricorda sempre di pianificare i tuoi acquisti in anticipo ed evitare acquisti impulsivi per mantenere le tue finanze sane.

L'importanza di tenere registri finanziari accurati e aggiornati.

Tenere registri finanziari accurati e aggiornati è essenziale per mantenere in ordine le finanze personali. Ciò comporta tenere traccia delle tue spese, entrate, debiti e investimenti. Avere una registrazione chiara e organizzata delle tue finanze può aiutarti a prendere decisioni più informate su come spendere i tuoi soldi e dove investirli.

Esistono molti modi per tenere registri finanziari accurati e aggiornati. Un'opzione è utilizzare un'app di finanza personale per registrare le tue transazioni e classificarle automaticamente. Queste app possono aiutarti a visualizzare le tue spese e le tue entrate in modo chiaro e conciso, permettendoti di identificare le aree in cui puoi risparmiare denaro o investire di più.

Un'altra opzione è tenere un registro manuale delle tue finanze. Questo può essere fatto con un taccuino o un foglio di calcolo, dove annoti tutte le transazioni e le classifichi manualmente. Sebbene questo approccio possa richiedere più tempo, può essere utile per coloro che preferiscono un approccio più pratico e personalizzato.

Qualunque metodo tu scelga, è importante mantenere aggiornati i tuoi registri finanziari. Ciò comporta il monitoraggio regolare delle spese e delle entrate e la garanzia che tutte le transazioni siano registrate accuratamente. Inoltre, è importante rivedere periodicamente i tuoi registri per assicurarti che le tue finanze siano sulla buona strada.

Tenere registri finanziari accurati e aggiornati può essere un processo impegnativo, ma è un passo importante verso il raggiungimento della stabilità finanziaria e della tranquillità. Comprendendo come spendi i tuoi soldi e dove sono i tuoi investimenti, puoi prendere decisioni più informate e migliorare la tua situazione finanziaria a lungo termine.

Come creare un fondo di emergenza per prepararsi a imprevisti finanziari.

La creazione di un fondo di emergenza è uno dei passi più importanti che puoi intraprendere per proteggere la tua vita finanziaria. Avere un fondo di emergenza adeguato può aiutare a coprire spese impreviste come riparazioni auto, spese mediche, perdita del lavoro o altre emergenze finanziarie.

Per iniziare a costruire un fondo di emergenza, devi definire quanti soldi vuoi risparmiare e per quanto tempo vuoi raggiungere quell'obiettivo. Una buona regola pratica è risparmiare abbastanza per coprire da tre a sei mesi di spese essenziali. Ciò include alloggio, cibo, trasporti e altri costi essenziali.

Per controllare le tue spese e risparmiare denaro per il tuo fondo di emergenza, è importante creare un budget realistico e rispettarlo. Inizia registrando tutte le tue spese, compresi i piccoli acquisti, per avere un'idea chiara di dove vengono spesi i tuoi soldi. Quindi, analizza le tue spese e trova le aree in cui puoi ridurre le spese. Ciò può includere cose come mangiare fuori meno spesso, annullare gli abbonamenti a servizi che non usi spesso e optare per marchi più economici.

Per aumentare i tuoi risparmi, prendi in considerazione ulteriori forme di reddito come il lavoro freelance o temporaneo. Il denaro aggiuntivo che guadagni può essere destinato al fondo di emergenza.

Ricorda che la creazione di un fondo di emergenza non è un compito facile e può richiedere tempo e sacrifici. Ma mentre cerchi di aumentare i tuoi risparmi e controllare le tue spese, farai passi importanti verso la tua indipendenza finanziaria e assicurerai la tua tranquillità finanziaria in futuro.

L'importanza di comprendere il tuo punteggio di credito e come migliorarlo.

Conoscere il tuo punteggio di credito e lavorare per migliorarlo potrebbe essere una delle cose più importanti che puoi fare per la tua salute finanziaria. Il punteggio di credito è una misura di quanto bene gestisci le tue finanze e quanto sei affidabile con i creditori. Avere un buon punteggio di credito può aiutarti a ottenere prestiti con tassi di interesse più bassi e termini di pagamento migliori, mentre un punteggio di credito basso può rendere più difficile ottenere credito e può portare a tassi di interesse più elevati e minori opportunità di prendere in prestito.

Ci sono diverse cose che puoi fare per migliorare il tuo punteggio di credito. Innanzitutto, è importante sapere cosa sta influenzando il tuo punteggio di credito. Se hai un debito in ritardo, pagamenti mancati o una grande quantità di debito in sospeso, ciò può influire negativamente sul tuo punteggio di credito. Controlla il tuo rapporto di credito per vedere dove ti trovi su questi fattori.

Una delle cose più importanti che puoi fare per migliorare il tuo punteggio di credito è effettuare pagamenti tempestivi sui tuoi debiti. Se hai debiti in ritardo o pagamenti mancati, lavora per recuperare le bollette il più rapidamente possibile. Se hai difficoltà a saldare i tuoi debiti, contatta i tuoi creditori e vedi se riesci a negoziare un piano di pagamento che funzioni meglio per te.

Inoltre, cerca di mantenere bassi i saldi della tua carta di credito rispetto al tuo limite di credito. Questo può aiutarti a migliorare il tuo punteggio di credito e mostrare ai creditori che sei responsabile con i tuoi soldi. Cerca anche di evitare di aprire troppi conti di credito contemporaneamente, poiché ciò può influire negativamente sul tuo punteggio di credito.

Infine, assicurati di monitorare regolarmente il tuo punteggio di credito e lavora per migliorarlo nel tempo. Anche piccole modifiche al tuo punteggio di credito possono fare una grande differenza a lungo termine, quindi è importante esserne consapevoli e lavorare continuamente per migliorarlo. Con alcuni sani consigli e abitudini di finanza personale, puoi migliorare il tuo punteggio di credito e aumentare le tue possibilità di successo finanziario a lungo termine.

I rischi di essere coinvolti nel debito della carta di credito e come evitarli.

La carta di credito può essere un ottimo alleato nella vita finanziaria, ma bisogna fare attenzione a non farsi coinvolgere in debiti che potrebbero danneggiare la propria situazione finanziaria. Accumulare il debito della carta di credito può essere un grosso rischio, poiché tassi di interesse elevati possono portare a debiti che crescono rapidamente e possono richiedere anni per essere ripagati.

Per evitare questi rischi, è importante avere il controllo sulle proprie spese e fissare un limite massimo per le spese con carta di credito. È essenziale avere una visione chiara delle proprie finanze, evitando così spese inutili e incontrollate. Mantieni un budget, imposta limiti per ogni categoria di spesa e tieni traccia di tali spese per sapere esattamente quanti soldi vengono spesi sulla tua carta di credito.

Un'altra strategia importante è pagare per intero il conto della carta di credito quando possibile, evitando l'addebito di interessi. Se non puoi pagare il conto per intero, dovresti sempre pagare di più del minimo, evitando che il debito diventi ancora più grande.

Per evitare il debito della carta di credito, è anche importante non utilizzare la carta come fonte di finanziamento. La carta di credito non è un modo per ottenere prestiti, ma uno strumento comodo per acquisti da pagare successivamente. Usa la tua carta di credito solo per gli acquisti che puoi pagare con il conto del mese successivo.

Quando utilizzi la carta di credito, ricordati anche di controllare le commissioni e le spese applicabili, come gli interessi e le tasse annuali. Confronta le diverse carte di credito disponibili e scegli quella più adatta alle tue esigenze e al tuo budget.

È importante fare attenzione quando si utilizza la carta di credito per evitare debiti inutili e perdite finanziarie. Tieni un budget, tieni traccia delle tue spese, paga la bolletta per intero quando possibile, evita di utilizzare la tua carta come fonte di finanziamento e controlla le commissioni e gli addebiti applicabili. Con questi accorgimenti puoi evitare i rischi e godere dei vantaggi della tua carta di credito in modo più consapevole e sicuro.

I rischi dei prestiti personali e come evitarli.

I prestiti personali possono essere un'opzione allettante per chi ha bisogno di denaro extra rapidamente, ma è importante essere consapevoli dei rischi associati a questo tipo di prestito. I prestiti personali hanno spesso tassi di interesse più elevati rispetto ad altri tipi di prestiti, il che può comportare pagamenti mensili più elevati e costi totali più elevati nel tempo.

Inoltre, i prestiti personali sono generalmente offerti senza garanzie, il che significa che non è necessario fornire garanzie, come una casa o un'auto, per ottenere il prestito. Ciò può renderli più facili da ottenere, ma significa anche che il prestatore si sta assumendo un rischio maggiore, il che può comportare tassi di interesse più elevati per compensare tale rischio.

Per evitare i rischi associati ai prestiti personali, è importante fare le tue ricerche e scegliere con cura un prestatore affidabile con tassi di interesse ragionevoli. Assicurati di leggere attentamente i termini e le condizioni del prestito prima di firmare qualsiasi cosa, inclusi i tassi di interesse, le commissioni di origine e le commissioni per il ritardo. Inoltre, assicurati di poter rimborsare il prestito entro il periodo di tempo concordato per evitare pagamenti in ritardo o mancati che potrebbero influire negativamente sul tuo punteggio di credito e comportare costi aggiuntivi.

Un altro modo per evitare i rischi associati ai prestiti personali è prendere in considerazione altre opzioni di finanziamento come prestiti garantiti, come un prestito auto garantito o un mutuo per la casa garantito. Questi tipi di prestiti di solito hanno tassi di interesse più bassi, poiché la garanzia riduce il rischio per il prestatore. Inoltre, è importante avere un budget solido e pianificare in anticipo per evitare di aver bisogno di prestiti personali di emergenza.

I prestiti personali possono essere un'opzione conveniente per chi ha bisogno di denaro extra, ma è importante essere consapevoli dei rischi e scegliere con cura un prestatore affidabile con tassi di interesse ragionevoli. Prendi in considerazione altre opzioni di finanziamento e pianifica in anticipo per evitare di aver bisogno di prestiti personali di emergenza.

Come affrontare la pressione sociale per spendere soldi per cose costose.

La pressione sociale per spendere soldi in cose costose è comune, specialmente sui social media, dove molte persone condividono le loro vite apparentemente perfette e lussuose. Tuttavia, questa pressione può portare a seri problemi finanziari se non sai come affrontarli.

Ecco alcuni suggerimenti utili per aiutarti ad affrontare la pressione sociale e mantenere le tue finanze in ordine:

Stabilisci le tue priorità finanziarie: prima di cedere alla pressione sociale, stabilisci le tue priorità finanziarie e concentrati su ciò che è importante per te. Decidi dove vuoi investire i tuoi soldi ed evita di spenderli in cose inutili.

Evita confronti: è facile confrontarsi con altre persone, ma questo non fa che aumentare la pressione e lo stress finanziario. Ricorda che ogni persona ha le proprie circostanze finanziarie e non è giusto confrontarle.

Comprendi il vero costo: quando vedi altre persone che spendono molti soldi per qualcosa, è importante ricordare che questo è solo il costo apparente. Ci sono molti altri costi nascosti che possono influenzare le tue finanze come la manutenzione, le tasse e altre spese correlate.

Impara a dire di no: se non puoi permetterti qualcosa o semplicemente non pensi che valga la pena, impara a dire di no. I tuoi amici e la tua famiglia dovrebbero rispettare la tua decisione.

Trova modi alternativi per divertirti: invece di spendere soldi per attività costose, trova modi alternativi per divertirti, come fare un picnic, giocare a giochi da tavolo o fare passeggiate.

Crea un budget realistico: un budget realistico può aiutarti a evitare spese inutili e tenere sotto controllo le tue finanze. Assicurati di includere sia le spese fisse che quelle variabili e metti da parte un importo per i risparmi e le emergenze.

Affrontare la pressione sociale per spendere soldi può essere difficile, ma con le giuste strategie puoi mantenere le tue finanze sane e vivere una vita finanziaria felice ed equilibrata. Ricorda che le tue finanze sono importanti e come le usi dipende da te.

Suggerimenti per risparmiare sull'intrattenimento come film e concerti.

Uscire per divertirsi può essere un ottimo modo per rilassarsi e trascorrere del tempo con amici e familiari, ma spesso può essere costoso. Tuttavia, ci sono modi per risparmiare sull'intrattenimento come film e concerti senza sacrificare il divertimento. Ecco alcuni suggerimenti:

Cerca offerte: i cinema e i locali di musica spesso offrono sconti in determinati giorni della settimana o per studenti e anziani. Cerca queste offerte e risparmia sull'ingresso.

Considera l'ora del giorno: alcuni teatri e spettacoli offrono prezzi più bassi per spettacoli mattutini o nei giorni feriali quando c'è meno domanda. Questo può essere un ottimo modo per risparmiare sull'intrattenimento.

Controlla i siti Web di sconti: siti Web che offrono sconti su vari eventi e attività, inclusi biglietti per concerti e film. Controlla regolarmente questi siti per trovare offerte che potrebbero interessarti.

Acquista biglietti di gruppo: l'acquisto di biglietti in gruppo può comportare sconti, quindi riunisci i tuoi amici e la tua famiglia e approfitta delle tariffe scontate.

Considera le alternative: invece di andare al cinema, prendi in considerazione l'idea di noleggiare un film o guardare un programma televisivo a casa. Puoi risparmiare un sacco di soldi in questo modo, inoltre hai la comodità di guardare comodamente da casa tua.

Porta il tuo cibo: alcuni teatri ti consentono di portare il tuo cibo e le tue bevande. Questo può farti risparmiare un sacco di soldi, poiché il cibo e le bevande venduti nei cinema tendono ad essere molto costosi.

Tieni d'occhio i concerti gratuiti: molte città organizzano eventi gratuiti come concerti all'aperto e festival culturali. Questi eventi possono essere un ottimo modo per risparmiare sull'intrattenimento.

le app cashback : alcune app, come Méliuz , offrono cash back sugli acquisti online e di persona, inclusi biglietti per film e concerti. Usa queste app per risparmiare sulle tue attività di intrattenimento.

Risparmiare sull'intrattenimento può essere una sfida, ma con questi suggerimenti puoi goderti il tempo libero senza sacrificare il tuo budget. Ricorda sempre di cercare e cercare opzioni più economiche prima di decidere di spendere soldi per divertirti.

Suggerimenti per risparmiare sui servizi in abbonamento come Netflix e Spotify.

Con la crescente popolarità dei servizi in abbonamento, può essere difficile resistere alla tentazione di iscriversi a più di essi. Tuttavia, questi abbonamenti possono sommarsi rapidamente e diventare una spesa significativa nel tuo budget. Fortunatamente, ci sono modi per risparmiare sui servizi in abbonamento senza sacrificare l'intrattenimento che offrono. Ecco alcuni suggerimenti per aiutarti a risparmiare sui servizi in abbonamento.

scegliere saggiamente

Prima di iscriverti a qualsiasi servizio in abbonamento, assicurati che soddisfi davvero le tue esigenze e che sia qualcosa che utilizzerai spesso. Considera se è qualcosa che puoi condividere con altri, come amici o familiari, per dividere i costi.

cercare sconti

Molti servizi in abbonamento offrono sconti per studenti, militari o coloro che si iscrivono per un periodo più lungo, ad esempio un anno intero. Cerca questi sconti e approfittane per risparmiare denaro.

Negozia il tuo abbonamento

Molti servizi in abbonamento sono disposti a negoziare i prezzi con i loro clienti fedeli. Contatta l'azienda e chiedi se hanno sconti o promozioni disponibili per te.

utilizzare le carte regalo

Se vuoi tenere traccia di quanto spendi per i servizi in abbonamento, prendi in considerazione l'utilizzo di buoni regalo invece di un abbonamento ricorrente. In questo modo, puoi impostare un limite di spesa e non preoccuparti di dimenticare di annullare l'iscrizione quando non lo usi più.

Controlla regolarmente i tuoi abbonamenti

Rivedi regolarmente i tuoi abbonamenti per assicurarti di continuare a utilizzarli e divertirti con ciascuno di essi. Se ci sono dei servizi che non utilizzi più, annullali per risparmiare denaro.

Condividi con amici o familiari

Se conosci amici o familiari che utilizzano anche lo stesso servizio di abbonamento, valuta la possibilità di condividere l'account con loro per dividere il costo. Molti servizi di streaming, ad esempio, consentono di creare profili diversi per ogni utente.

Risparmiare sui servizi in abbonamento richiede un po' di pianificazione e impegno, ma può portare a grandi risparmi nel tempo. Assicurati di scegliere con saggezza, cercare sconti, negoziare il tuo abbonamento, utilizzare buoni regalo, rivedere regolarmente i tuoi abbonamenti e condividere con amici o familiari quando possibile. Con questi suggerimenti, puoi godere di tutti i vantaggi dei servizi in abbonamento senza spendere più del necessario.

Suggerimenti per risparmiare denaro su viaggio e alloggio.

Viaggiare è uno dei modi migliori per arricchire la tua vita con esperienze culturali e divertimento, ma può essere costoso. Fortunatamente, ci sono molti modi per risparmiare su viaggio e alloggio senza sacrificare la qualità della tua esperienza. Ecco alcuni suggerimenti per aiutarti a risparmiare sui tuoi viaggi:

Pianifica in anticipo: prima inizi a pianificare il tuo viaggio, più tempo hai a disposizione per trovare le migliori offerte su voli, hotel e visite turistiche.

Sii flessibile con le date: le date più popolari sono solitamente più costose, quindi se hai una certa flessibilità, prova a viaggiare nei giorni meno impegnativi.

Prendi in considerazione una sistemazione alternativa: piuttosto che soggiornare in un hotel, prendi in considerazione l'affitto di un appartamento o di una casa per le vacanze attraverso siti come Airbnb , che spesso offrono tariffe più convenienti.

Usa miglia e punti: molte carte di credito offrono programmi premio che ti consentono di accumulare miglia e punti da utilizzare per viaggiare. Assicurati di controllare se la tua carta di credito offre questo tipo di programma.

Cerca opzioni di trasporto: invece di utilizzare sempre i taxi o noleggiare un'auto, prendi in considerazione l'utilizzo di trasporti pubblici o app di trasporto come Uber o Lyft, che potrebbero essere più economiche.

Acquista i biglietti in anticipo: se hai intenzione di visitare le famose attrazioni turistiche, acquista i biglietti in anticipo online per risparmiare denaro ed evitare le code.

Mangia come un locale: invece di mangiare sempre nei ristoranti turistici, prova a mangiare nei ristoranti locali o a comprare cibo nei supermercati locali. Oltre a risparmiare denaro, avrai un'esperienza più autentica della cultura locale.

Usa buoni sconto: prima di partire, cerca online buoni sconto per ristoranti, attrazioni e mezzi di trasporto.

Seguendo questi suggerimenti, puoi risparmiare denaro su viaggio e alloggio e ottenere il massimo dalle tue esperienze di viaggio. Ricorda sempre di pianificare in anticipo, cercare opzioni alternative ed essere flessibile con le date e i dettagli del tuo viaggio.

Come scegliere la migliore carta di credito per le tue esigenze.

Scegliere la migliore carta di credito per le tue esigenze può essere un compito impegnativo. Ci sono molti tipi di carte di credito disponibili, ognuno con i suoi vantaggi e svantaggi. Per aiutarti a prendere la decisione migliore, ecco alcuni suggerimenti per scegliere la migliore carta di credito per te:

Considera le tue esigenze di spesa: prima di scegliere una carta di credito, valuta le tue abitudini di spesa. Se spendi molti soldi per viaggiare, potrebbe valere la pena scegliere una carta che offra miglia aeree o punti premio. Se sei un grande acquirente online, potresti volere una carta che offra sconti sugli acquisti online. Considera le tue esigenze e scegli una carta che soddisfi le tue esigenze.

Controlla i tassi di interesse: i tassi di interesse possono variare da una carta all'altra, quindi è importante controllare prima di fare una scelta. Se prevedi di saldare il saldo della tua carta ogni mese, il tasso di interesse potrebbe non essere una preoccupazione così grande. Tuttavia, se prevedi di portare un saldo, assicurati di scegliere una carta con un tasso di interesse basso.

Controlla le tasse annuali: molte carte di credito hanno una tassa annuale che devi pagare per mantenerla. Assicurati di comprendere queste commissioni e considera se il vantaggio della carta supera il costo annuale. Se stai cercando una carta senza canone annuale, ci sono molte opzioni disponibili sul mercato.

Verificare la presenza di vantaggi aggiuntivi: alcune carte di credito offrono vantaggi aggiuntivi come l'assicurazione di viaggio, la protezione dell'acquisto e il rimborso. Assicurati di controllare quali vantaggi sono offerti con ogni carta e scegline uno che offre vantaggi aggiuntivi che sono importanti per te.

Controlla le politiche sui premi: se scegli una carta di credito in base ai suoi premi, assicurati di aver compreso le politiche sui premi. Alcune carte di credito hanno politiche complicate sui punti o sulle miglia aeree, mentre altre sono più facili da capire. Assicurati di capire come puoi guadagnare premi e come puoi usarli.

Scegliere la migliore carta di credito per le tue esigenze è una questione di comprendere le tue esigenze e confrontare le opzioni disponibili. Con una piccola ricerca e valutazione, puoi trovare una carta di credito che soddisfi le tue esigenze e ti aiuti a gestire le tue finanze in modo efficace.

Come evitare frodi finanziarie e proteggere le tue informazioni personali.

In questi giorni, è più importante che mai proteggere le tue informazioni finanziarie e personali. Con l'avvento della tecnologia e delle transazioni online, la possibilità di frode e furto di identità è aumentata in modo significativo. È importante essere consapevoli dei rischi e adottare misure preventive per proteggere la propria sicurezza finanziaria.

Ecco alcuni suggerimenti per evitare frodi finanziarie e proteggere le tue informazioni personali:

Non condividere informazioni personali con estranei: non condividere mai il tuo numero di previdenza sociale, informazioni bancarie o numeri di carta di credito con estranei, soprattutto se non hai avviato la conversazione.

Controlla frequentemente i tuoi account: controlla regolarmente i tuoi account per assicurarti che tutte le transazioni siano legittime. Se noti attività sospette, informa immediatamente il tuo istituto finanziario.

Usa password complesse: utilizza password complesse e diverse per ciascun account. Evita password ovvie come date di nascita o cognomi.

Usa la protezione antivirus: installa la protezione antivirus e il software di sicurezza su tutti i tuoi dispositivi. Tienili aggiornati per garantire la protezione più recente.

Fai attenzione alle truffe via e-mail: non rispondere mai alle e-mail che richiedono informazioni personali o finanziarie. Non fare clic su collegamenti sospetti o scaricare allegati e-mail da mittenti sconosciuti.

Utilizza reti Wi-Fi sicure: evita di utilizzare reti Wi-Fi pubbliche per transazioni finanziarie o per condividere informazioni personali. Utilizza reti Wi-Fi sicure o connessioni mobili per garantire la sicurezza.

Mantieni aggiornate le tue informazioni personali: rivedi regolarmente le tue informazioni personali e finanziarie e aggiornale se necessario. Ciò include i tuoi indirizzi, numeri di telefono e indirizzi e-mail.

Fai attenzione quando acquisti online: acquista solo da siti sicuri e affidabili. Assicurati che il sito abbia un'icona a forma di lucchetto nella barra degli indirizzi e che inizi con "https".

Attenzione ai dispositivi di scrematura : i dispositivi di scrematura vengono utilizzati per rubare informazioni sulle carte di credito o di debito. Controlla regolarmente i distributori di carte presso gli sportelli bancomat e le stazioni di servizio per rilevare eventuali segni di manomissione.

Informati sulle truffe finanziarie: tieniti aggiornato sulle truffe finanziarie più comuni e scopri come evitarle. Fai attenzione a truffe telefoniche, e-mail aziendali false, phishing e altre tattiche utilizzate dai truffatori.

Proteggere le tue informazioni finanziarie e personali è fondamentale per garantire la tua sicurezza finanziaria. Seguendo questi suggerimenti, puoi aiutare a prevenire le frodi finanziarie e mantenere le tue informazioni al sicuro. Ricorda che prevenire è meglio che curare, quindi stai sempre all'erta e adotta misure preventive per proteggere le tue informazioni personali.

I vantaggi e le sfide di vivere da soli dopo la laurea.

Vivere da soli è una delle più grandi conquiste per molti giovani laureati. È un'opportunità per una maggiore indipendenza e responsabilità, ma comporta anche delle sfide, soprattutto finanziarie.

Il primo passo è stabilire un budget realistico. Dovrai considerare il costo della vita, compreso l'affitto, le utenze, il cibo e altre spese. Assicurati di includere un importo per le spese di emergenza come le riparazioni domestiche o le spese mediche impreviste.

Una volta stabilito il tuo budget, è il momento di iniziare a tenere traccia delle tue spese. Tenere traccia delle tue spese quotidiane può essere noioso, ma è essenziale per assicurarti di vivere entro i tuoi mezzi. Un modo per farlo è utilizzare un'app finanziaria, che ti aiuterà a classificare le tue spese e monitorare le tue spese.

Inoltre, dovrai considerare i tuoi obiettivi finanziari a lungo termine, come risparmiare per una casa, un'auto o un viaggio. Inizia stabilendo obiettivi finanziari realistici e lavora per raggiungerli. Ciò potrebbe comportare il risparmio di una determinata quantità di denaro ogni mese, l'investimento in azioni o fondi comuni di investimento o la ricerca di altri modi per aumentare le entrate.

Tuttavia, è importante ricordare che vivere da soli non è l'unica opzione disponibile. Condividere un appartamento con amici o familiari può essere un'opzione più conveniente e puoi risparmiare dividendo l'affitto, le utenze e altri costi.

Vivere da soli dopo la laurea può essere eccitante, ma può anche essere una sfida finanziaria. Con un'attenta pianificazione, monitoraggio della spesa e obiettivi finanziari realistici, puoi raggiungere l'indipendenza finanziaria e ottenere il massimo da questa nuova fase della vita.

I pro ei contro di vivere a casa con i tuoi genitori dopo la laurea.

Vivere con i genitori dopo la laurea è un'opzione che molti giovani considerano. Ci sono vantaggi e svantaggi in questa decisione ed è importante valutare attentamente le opzioni prima di decidere.

Uno dei principali vantaggi di vivere con i genitori dopo la laurea è il risparmio di denaro. Se non devi pagare l'affitto o le bollette, puoi risparmiare una notevole quantità di denaro. Questo può aiutarti a risparmiare per l'acquisto di una casa, un'auto o per saldare un debito.

Vivere con i genitori può anche essere un'opportunità per rafforzare i legami familiari. Quando vivi a casa, hai più tempo da trascorrere con i tuoi genitori e puoi dare una mano nelle faccende domestiche come cucinare e pulire. Inoltre, molti genitori apprezzano avere i propri figli a casa dopo la laurea, il che può migliorare i rapporti familiari.

Tuttavia, vivere con i genitori può avere degli svantaggi. Una delle sfide principali è la mancanza di indipendenza e privacy. Quando vivi con i tuoi genitori, è probabile che tu abbia meno libertà di fare ciò che ti pare, poiché dovrai comunque seguire le regole della casa dei tuoi genitori. Inoltre, può essere difficile sentirsi indipendenti e cresciuti quando vivi ancora con i tuoi genitori.

Un altro svantaggio di vivere con i genitori è che può limitare le tue opportunità di socializzare e legare con altri della tua età. Se i tuoi amici vivono altrove o si sentono a disagio a farti visita a casa, può essere difficile mantenere relazioni sociali.

In sintesi, vivere con i genitori dopo la laurea può essere una valida opzione per risparmiare denaro e rafforzare i legami familiari. Tuttavia, può avere svantaggi per quanto riguarda l'indipendenza, la privacy e la socializzazione. Spetta a ogni persona valutare questi fattori e prendere una decisione informata.

Come bilanciare le tue priorità finanziarie a breve e lungo termine.

Quando si tratta di gestire le proprie finanze personali, può essere difficile bilanciare le priorità a breve e lungo termine. A breve termine, potresti essere preoccupato di pagare le bollette, gestire i debiti o raccogliere fondi per un grosso acquisto. D'altra parte, a lungo termine, potresti pensare alla tua pensione o risparmiare per una casa tutta tua. Bilanciare queste priorità può essere difficile, ma è essenziale per assicurarti di essere sulla buona strada per raggiungere i tuoi obiettivi finanziari.

Ecco alcuni suggerimenti per aiutarti a bilanciare le tue priorità finanziarie a breve e lungo termine:

Crea un budget: un budget è essenziale per aiutarti a gestire le tue spese e assicurarti di risparmiare abbastanza denaro per raggiungere i tuoi obiettivi finanziari a lungo termine. Analizza le tue spese e le tue entrate e stabilisci limiti per le tue spese in diverse categorie. Assicurati di mettere da parte una quantità adeguata per risparmiare per il futuro.

Dai la priorità ai tuoi debiti: se hai dei debiti, dai la priorità a pagare prima quelli con i tassi di interesse più alti. Pagando i debiti più costosi, risparmierai denaro sugli interessi a lungo termine e potrai liberare più denaro da risparmiare e investire in futuro.

Salva per le emergenze: avere un fondo di emergenza è essenziale per far fronte a circostanze finanziarie impreviste come la perdita del lavoro, la malattia o le riparazioni impreviste della casa o dell'auto. Cerca di salvare da tre a sei mesi di spese in un conto di risparmio separato.

Investi per il futuro: se hai obiettivi finanziari a lungo termine, come la pensione o il risparmio per una casa, considera di investire in un conto pensionistico o altre opzioni di investimento. Investire a lungo termine può aiutarti a raggiungere i tuoi obiettivi finanziari più velocemente rispetto al semplice risparmio in un conto di risparmio.

Non dimenticare di vivere nel presente: sebbene sia importante risparmiare e pianificare il futuro, non dimenticare di vivere nel presente. Riserva denaro per attività e hobby divertenti e trova un sano equilibrio tra spesa e risparmio.

Bilanciare le tue priorità finanziarie a breve e lungo termine può essere difficile, ma è essenziale per assicurarti di essere sulla buona strada per raggiungere i tuoi obiettivi finanziari. Con un'attenta pianificazione e un impegno a risparmiare e investire per il futuro, puoi ottenere la sicurezza finanziaria che desideri.

I vantaggi di iniziare a investire presto e come iniziare a investire.

Investire è uno dei modi migliori per far lavorare i tuoi soldi per te e creare ricchezza a lungo termine. E se sei giovane e ti sei appena laureato, questo è il momento perfetto per iniziare a investire.

Ecco alcuni vantaggi di iniziare a investire in anticipo:

Più tempo per la crescita della ricchezza: quando inizi a investire prima, hai più tempo per sfruttare il potere della capitalizzazione. Ciò significa che i tuoi soldi cresceranno più velocemente e avrai più equità nel tempo.

Meno pressione per investire grandi quantità: iniziare a investire presto significa che non devi investire grandi somme di denaro per avere un impatto significativo sul tuo patrimonio netto. Piccoli investimenti regolari possono diventare grandi somme di denaro nel tempo.

Maggiore tolleranza al rischio: quando sei giovane, in genere puoi permetterti di correre più rischi con i tuoi soldi, poiché hai più tempo per recuperare da eventuali perdite. Ciò può portare a rendimenti più elevati nel tempo.

Alcuni modi per iniziare a investire:

Apri un conto di intermediazione: per investire in azioni, obbligazioni o fondi comuni di investimento, dovrai aprire un conto di intermediazione con una società di intermediazione affidabile. Fai la tua ricerca e trova un broker che soddisfi le tue esigenze e offra tariffe ragionevoli.

Investi in fondi indicizzati: se non hai il tempo o le conoscenze per scegliere singoli titoli, considera di investire in fondi indicizzati. Questi fondi investono in un'ampia varietà di azioni e possono offrire buoni rendimenti a lungo termine.

Inizia con un piano di investimento: crea un piano di investimento che definisca i tuoi obiettivi finanziari, il tuo livello di rischio e la durata dell'investimento. Ciò ti aiuterà a rimanere sulla buona strada ed evitare decisioni di investimento impulsive.

Considera gli investimenti automatizzati: molti broker offrono servizi di investimento automatizzati che investono automaticamente i tuoi soldi in fondi comuni di investimento in base al tuo profilo di rischio. Questa può essere un'ottima opzione se sei nuovo negli investimenti e non sai da dove iniziare.

Iniziare a investire in anticipo può essere la chiave per costruire un solido patrimonio netto e raggiungere i tuoi obiettivi finanziari a lungo termine. Ricordati di fare le tue ricerche, avere un piano ed essere coerente con i tuoi investimenti nel tempo.

Capitolo 3: Informazioni sull'arricchimento.

Importanza della pianificazione finanziaria per costruire ricchezza

Per raggiungere la ricchezza finanziaria, ci vuole molto di più che fare soldi. È necessaria una pianificazione finanziaria solida e strategica, in grado di guidare le decisioni sugli investimenti e le spese in modo intelligente e consapevole.

La pianificazione finanziaria è il processo di definizione degli obiettivi finanziari, creazione di un piano d'azione per raggiungerli e monitoraggio regolare dei progressi. È un'attività essenziale per chiunque cerchi di costruire ricchezza a lungo termine perché ti consente di controllare le tue finanze ed evitare spese inutili.

Il primo passo nella pianificazione finanziaria è stabilire i tuoi obiettivi finanziari. Ciò può includere sia obiettivi a breve termine, come risparmiare per un viaggio, sia obiettivi a lungo termine, come andare in pensione con una somma di denaro accumulata. Una volta stabiliti i tuoi obiettivi, devi creare un piano d'azione per raggiungerli.

Il piano d'azione dovrebbe includere un budget che consenta di risparmiare denaro e investire in attività che generano ritorni finanziari. È anche importante considerare fattori come la tua tolleranza al rischio e i tempi per raggiungere i tuoi obiettivi finanziari.

Stabilendo un piano d'azione e monitorando regolarmente i progressi, sarai in grado di adattare il piano secondo necessità e assicurarti di essere sempre sulla buona strada per raggiungere i tuoi obiettivi finanziari.

La costruzione della ricchezza inizia con una pianificazione finanziaria solida e strategica. Impostando i tuoi obiettivi finanziari, creando un piano d'azione e monitorando regolarmente i progressi, devi essere sicuro di prendere decisioni finanziarie intelligenti e lavorare per il successo finanziario a lungo termine. Per questo dovresti studiare la formazione della ricchezza. Investire nella conoscenza è un modo per acquisire ricchezza.

L'importanza dell'educazione finanziaria nella ricerca della ricchezza.

L'educazione finanziaria è uno dei fattori più importanti nella ricerca della ricchezza. Sfortunatamente, molte persone non hanno accesso a questo tipo di conoscenza e finiscono per affrontare difficoltà finanziarie per tutta la vita.

L'educazione finanziaria coinvolge una serie di concetti, tra cui budget, risparmio, investimento, gestione del debito e altro ancora. È importante conoscere ciascuno di questi argomenti per avere una comprensione completa di come funzionano i soldi e di come farli funzionare per te.

Imparando a conoscere la finanza personale, è possibile identificare abitudini finanziarie negative e lavorare per cambiarle. Ad esempio, molte persone spendono più di quanto guadagnano, accumulando debiti e minando il proprio benessere finanziario. Conoscendo il budget e la gestione del debito, puoi evitare questi problemi e iniziare a risparmiare denaro.

Un'altra area importante dell'educazione finanziaria è l'investimento. Molte persone hanno paura di investire perché pensano che sia troppo rischioso o troppo complicato. Tuttavia, con le giuste conoscenze, è possibile scegliere investimenti intelligenti che possono aiutare a creare ricchezza nel tempo.

Inoltre, l'educazione finanziaria può aiutarti a evitare frodi finanziarie e prendere decisioni informate su prodotti finanziari come prestiti, carte di credito e conti bancari.

È importante ricordare che l'educazione finanziaria non è qualcosa che si impara dall'oggi al domani. È un processo continuo che richiede impegno e fatica. Tuttavia, i vantaggi a lungo termine dell'apprendimento della finanza personale possono essere enormi e possono aiutarti a raggiungere l'indipendenza finanziaria.

Le abitudini dei milionari: cosa fanno di diverso per diventare ricchi?

I milionari non diventano ricchi per caso. In effetti, ci sono abitudini e comportamenti comuni tra molti degli individui più ricchi del mondo che hanno contribuito in modo significativo alla loro ricchezza. Ecco alcune delle abitudini dei milionari che possono aiutarti a diventare ricco:

Stabilisci obiettivi finanziari chiari: i milionari sanno cosa vogliono e lavorano diligentemente per raggiungere i loro obiettivi finanziari.

Vivere al di sotto delle proprie possibilità: i milionari vivono modestamente e risparmiano quando possibile. Sanno che spendere più di quanto guadagnano è un percorso verso la rovina finanziaria.

Investire in se stessi: i milionari non hanno paura di spendere soldi per l'istruzione, la formazione e lo sviluppo personale. Sanno che investire in se stessi è uno dei modi migliori per assicurarsi un solido futuro finanziario.

Investire in attività finanziarie: i milionari investono in azioni, immobili, obbligazioni e altre forme di investimento che generano rendimenti finanziari.

Avere una mentalità imprenditoriale: i milionari nascono imprenditori. Sono sempre alla ricerca di opportunità di business e non hanno paura di correre rischi calcolati.

Lavora sodo e sii dedicato: i milionari lavorano instancabilmente per raggiungere i loro obiettivi finanziari. Sanno che niente è facile e sono disposti a dedicare tempo ed energia per avere successo.

Sii disciplinato: i milionari hanno la disciplina necessaria per seguire il loro piano finanziario ed evitare spese inutili.

Pensa a lungo termine: i milionari hanno una visione a lungo termine e pianificano i loro investimenti e le loro spese in base ai loro obiettivi finanziari a lungo termine.

I milionari hanno una serie di sane abitudini finanziarie che li hanno aiutati a raggiungere il successo finanziario. Seguendo queste abitudini, puoi essere sulla buona strada per costruire la tua ricchezza finanziaria.

Il ruolo della pianificazione finanziaria nella ricerca della ricchezza.

La pianificazione finanziaria è uno strumento fondamentale per chiunque voglia raggiungere ricchezza e indipendenza finanziaria. Permette alle persone di fissare obiettivi chiari e realistici, tracciando un percorso per raggiungerli.

Le persone spesso non sanno esattamente dove stanno spendendo i loro soldi e non hanno idea di come potrebbero risparmiare o investire meglio. Ecco perché la pianificazione finanziaria è così importante. Ti aiuta a identificare quali spese sono realmente necessarie, eliminare le spese superflue e risparmiare denaro per investire in obiettivi più grandi.

Quando si crea un piano finanziario, è importante iniziare con le basi, come calcolare il budget mensile, stabilire obiettivi a breve e lungo termine e stabilire un piano d'azione. È necessario avere una visione chiara delle risorse disponibili e delle spese necessarie, individuare eventuali tagli di spesa e definire quanto sarà destinato al risparmio e agli investimenti.

Inoltre, è importante avere disciplina e seguire il piano stabilito. Ciò significa evitare acquisti impulsivi, mantenere il controllo sulle finanze personali e cercare alternative di reddito, come investimenti e imprenditorialità.

Nel tempo è possibile adeguare il piano finanziario e includere nuovi obiettivi e investimenti, tenendo sempre presente che la ricerca della ricchezza è un processo continuo che richiede dedizione, disciplina e pazienza.

La pianificazione finanziaria è uno strumento fondamentale nella ricerca della ricchezza e dell'indipendenza finanziaria. Consente alle persone di fissare obiettivi chiari e realistici, identificare opportunità di risparmio e investimento e seguire un piano d'azione per raggiungerli. Nel tempo è possibile raccogliere i frutti di una strategia ben definita e raggiungere la tanto attesa libertà finanziaria.

Come superare la procrastinazione e agire per diventare ricchi.

La procrastinazione è uno dei maggiori ostacoli per chiunque voglia diventare ricco. Molte persone hanno idee e piani per migliorare la propria situazione finanziaria, ma finiscono per rimandare l'azione per una serie di motivi. Tuttavia, è importante ricordare che il tempo è una risorsa preziosa e prima iniziamo a lavorare sui nostri obiettivi finanziari, prima potremo raggiungerli.

Per superare la procrastinazione e agire per arricchirsi, è importante identificare le cause della procrastinazione e lavorare per superarle. Alcuni suggerimenti che possono aiutare con questo processo sono:

Stabilisci obiettivi chiari: stabilire obiettivi finanziari specifici e misurabili può aiutarti a dirigere i tuoi sforzi e mantenerti concentrato sui tuoi obiettivi.

Crea un piano d'azione: dopo aver fissato i tuoi obiettivi, crea un piano d'azione dettagliato con i passaggi che devi compiere per raggiungerli. Questo può aiutare a rendere il processo meno intimidatorio e più gestibile.

Identifica le tue distrazioni: identifica quali attività o situazioni ti distraggono e riduci il tempo di esposizione ad esse. Ad esempio, se passi molto tempo a navigare sui social media, puoi impostare un orario specifico per controllare i tuoi account.

Dai la priorità alle attività importanti: concentrati sulle attività più importanti e urgenti per evitare di sentirti sopraffatto da un gran numero di attività in sospeso.

Usa la Tecnica del Pomodoro: La Tecnica del Pomodoro prevede di lavorare su compiti specifici per brevi periodi di tempo, con pause regolari nel mezzo. Questo può aiutare ad aumentare la produttività e rimanere concentrati.

Cerca supporto: trova un amico o un familiare che possa essere il tuo partner finanziario e che possa ritenerti responsabile dei tuoi obiettivi.

Ricorda che ci vogliono disciplina e coerenza per raggiungere obiettivi finanziari. Con questi suggerimenti, puoi superare la procrastinazione e iniziare a fare passi per diventare ricco.

Come risparmiare denaro per raggiungere i tuoi obiettivi finanziari?

La capacità di risparmiare denaro è uno dei fattori più importanti quando si tratta di raggiungere obiettivi finanziari. Tuttavia, molte persone trovano difficile risparmiare denaro, soprattutto quando si hanno spese fisse e variabili che assorbono gran parte del budget mensile.

Per iniziare a risparmiare denaro, è importante creare un budget dettagliato per identificare quali sono le tue spese fisse e variabili e quanto denaro viene speso per ciascuna di esse. Successivamente, è importante valutare quali di queste spese possono essere ridotte o eliminate. Ciò può variare dalla riduzione della bolletta dell'elettricità e dell'acqua alla riduzione della frequenza dei viaggi al ristorante o al cinema.

Un altro modo efficace per risparmiare denaro è fissare obiettivi finanziari e creare un piano di risparmio per raggiungerli. Ad esempio, se l'obiettivo è viaggiare all'estero in un anno, è possibile impostare un obiettivo di risparmio mensile per raggiungere l'importo necessario per il viaggio.

Inoltre, è importante creare l'abitudine di risparmiare una parte del proprio stipendio ogni mese ed evitare di spendere tutti i soldi che si ricevono. Un modo per farlo è automatizzare il trasferimento di un importo su un conto di risparmio non appena viene ricevuto lo stipendio.

Un altro modo per risparmiare denaro è cercare modi per guadagnare entrate extra, come lavorare part-time o avviare un'attività in proprio. Con questo reddito extra è possibile aumentare l'importo destinato al risparmio e accelerare il processo di raggiungimento degli obiettivi finanziari.

Risparmiare denaro è un passo importante verso il raggiungimento degli obiettivi finanziari, e per questo è necessario creare un budget dettagliato, stabilire obiettivi finanziari e un piano di risparmio, creare l'abitudine di risparmiare parte del proprio stipendio e cercare modi per guadagnare entrate extra. Con perseveranza e disciplina è possibile raggiungere la libertà finanziaria e conquistare la vita dei propri sogni.

I vantaggi e gli svantaggi di impegnarsi per diventare ricchi.

L'impresa è uno dei modi più impegnativi, ma può anche essere uno dei modi più gratificanti per diventare ricchi. Questo perché avviando un'attività in proprio, hai l'opportunità di creare qualcosa da zero, controllare il tuo programma, generare entrate significative e creare un'eredità per te e la tua famiglia.

Tuttavia, come ogni altra cosa nella vita, anche l'imprenditorialità ha i suoi svantaggi. Prima di prendere la decisione di avviare un'attività in proprio, è importante valutare attentamente sia i vantaggi che gli svantaggi.

I vantaggi di impegnarsi per diventare ricchi sono molti. Alcuni di essi includono:

Potenziale di guadagno illimitato: quando ti impegni, il potenziale di guadagno è illimitato. Sei responsabile del tuo successo, quindi più lavori duro, più soldi puoi guadagnare.

Flessibilità: quando possiedi la tua attività, hai più flessibilità per creare il tuo programma e lavorare le ore che desideri. Ciò è particolarmente interessante per le persone che cercano di avere più tempo libero e più controllo sulla propria vita.

Possibilità di creare un'eredità: quando ti impegni, hai l'opportunità di creare qualcosa che possa durare per generazioni. Costruendo un'attività di successo, puoi lasciare un'eredità alla tua famiglia e alla società.

Tuttavia, essere un imprenditore ha anche i suoi svantaggi. Alcuni di essi includono:

Rischio finanziario: quando si avvia un'attività in proprio, c'è sempre un rischio finanziario. Se l'attività non ha successo, potresti perdere molti soldi.

Responsabilità: quando possiedi la tua attività, sei responsabile di tutto. Questo può essere stressante e richiedere molto impegno, soprattutto all'inizio.

Mancanza di sicurezza finanziaria: quando sei un imprenditore, non hai la sicurezza di uno stipendio fisso ogni mese. Devi lavorare sodo per mantenere il reddito e garantire la stabilità finanziaria.

L'imprenditorialità è un'opzione interessante per coloro che vogliono diventare ricchi, ma è importante valutare attentamente i vantaggi e gli svantaggi prima di prendere una decisione. Se sei disposto a correre dei rischi e a lavorare sodo, puoi ottenere un grande successo come imprenditore.

Suggerimenti per ridurre le spese e risparmiare denaro.

Risparmiare denaro è uno dei modi migliori per raggiungere la libertà finanziaria e garantire un futuro finanziariamente stabile. Dopotutto, più soldi risparmi, più soldi devi investire e far crescere la tua ricchezza.

Uno dei modi migliori per risparmiare denaro è ridurre le spese. Molte persone spendono soldi per cose che non sono realmente importanti o necessarie e finiscono per sprecare denaro prezioso. Ecco alcuni suggerimenti per aiutarti a ridurre le spese e risparmiare denaro:

Stabilisci un budget: prima di tutto, è importante che tu sappia esattamente quanti soldi entrano ed escono dai tuoi conti. Da lì, puoi creare un budget e impostare limiti alla tua spesa.

Acquista solo ciò di cui hai bisogno: impara a differenziare ciò che è veramente necessario da ciò che è solo un desiderio momentaneo. Chiediti se hai davvero bisogno di quell'oggetto o se puoi aspettare per acquistarlo un'altra volta.

Evita gli acquisti d'impulso: prima di effettuare un acquisto, pensa attentamente se è davvero necessario e se te lo puoi permettere. Evita di acquistare d'impulso e fai scelte consapevoli.

Taglia le spese superflue: rivedi le tue spese e trova modi per tagliare le spese superflue, come abbonamenti a servizi che non usi o piani di telefonia mobile più costosi del necessario.

Cucinare a casa: Mangiare fuori può essere una spesa considerevole. Prova a cucinare di più a casa e porta i pranzi al lavoro. Oltre a risparmiare denaro, puoi anche mangiare più sano.

Cerca i prezzi: prima di effettuare un acquisto, cerca i prezzi in diversi negozi e su Internet. Puoi trovare ottime offerte e risparmiare denaro.

Negozia le bollette: molte volte le aziende sono disposte a negoziare i loro prezzi, soprattutto se sei un cliente abituale. Prova a negoziare le bollette del cellulare, internet, TV via cavo e altre spese.

Taglia le spese per il tempo libero: cerca attività gratuite o meno costose per divertirti. Questo può includere passeggiate, giri in bicicletta, film a casa, tra le altre cose.

Seguire questi suggerimenti può aiutarti a ridurre le spese e risparmiare denaro. Nel tempo, puoi accumulare una buona somma di denaro che può essere investita nella tua libertà finanziaria e assicurarti un futuro più stabile.

Gli errori comuni che impediscono alle persone di diventare ricche.

Diventare ricchi è un obiettivo che molte persone hanno, ma non tutti riescono a raggiungere. Ci sono diversi motivi per cui ciò accade, ma spesso gli errori comuni sono i principali colpevoli.

Un errore comune che impedisce alle persone di diventare ricche è non avere un budget ben definito. Senza sapere quanti soldi entrano ed escono, è difficile controllare la spesa e risparmiare per investire. È importante fissare obiettivi finanziari e monitorare attentamente l'evoluzione delle spese e delle entrate.

Un altro errore comune è spendere soldi per cose inutili. Le persone spesso acquistano cose d'impulso o sotto pressione sociale, senza pensare se ne hanno davvero bisogno. È importante valutare bene gli acquisti e concentrarsi su ciò che è veramente importante e utile.

Inoltre, molte persone non investono in se stesse e nelle proprie capacità. È importante investire nell'istruzione , apprendere nuove competenze e ricercare conoscenze che possano contribuire a creare opportunità di lavoro e imprenditoriali. La mancanza di investimento in se stessi può limitare le possibilità di arricchirsi.

Un altro errore comune è non avere un piano a lungo termine. È importante avere una visione del futuro e pianificare le azioni necessarie per arrivarci. Molte persone si concentrano solo sul presente senza pensare a come le loro azioni influenzeranno i loro obiettivi a lungo termine.

Infine, la mancanza di perseveranza e pazienza è un altro errore comune. Diventare ricchi non avviene dall'oggi al domani, ci vogliono duro lavoro e costanza per raggiungere i tuoi obiettivi. Molte persone si arrendono a metà strada o perdono la concentrazione. È importante mantenere la determinazione e la perseveranza per superare le sfide e raggiungere il successo finanziario.

Errori comuni che impediscono alle persone di diventare ricche includono: non avere un budget ben definito, spendere soldi per cose inutili, non investire in te stesso, non avere una pianificazione a lungo termine e mancanza di perseveranza e pazienza. Identificare e correggere questi errori è fondamentale per aumentare le possibilità di successo finanziario.

Come creare una mentalità di abbondanza per raggiungere la ricchezza.

Per raggiungere la ricchezza, non solo bisogna avere buone pratiche finanziarie, ma anche sviluppare una mentalità di abbondanza. Dopotutto, il modo in cui pensiamo al denaro e al successo influenza direttamente le nostre azioni e i nostri risultati. In questo post, esploreremo alcuni suggerimenti per aiutarti a creare una mentalità di abbondanza e prosperità.

Credere che l'abbondanza sia possibile: il primo passo per creare una mentalità di abbondanza è credere che sia possibile. È importante capire che l'abbondanza non è qualcosa di limitato o scarso, ma qualcosa che può essere coltivato e ampliato.

Visualizza ciò che vuoi: per attirare l'abbondanza nella tua vita, devi prima sapere cosa vuoi. Visualizza i tuoi obiettivi e i tuoi sogni e immagina di averli già raggiunti. Questa visualizzazione aiuta a rafforzare la tua convinzione nell'abbondanza e ad attrarre situazioni e opportunità che ti aiuteranno a realizzarle.

Pratica la gratitudine: la gratitudine è una delle chiavi per creare una mentalità di abbondanza. Quando siamo grati per ciò che abbiamo, ci sentiamo più ricchi e abbondanti, indipendentemente dalla nostra attuale situazione finanziaria. Prenditi del tempo ogni giorno per essere grato per le cose belle della tua vita.

Cambia lingua: il modo in cui parliamo di denaro e successo può influenzare la nostra mentalità. Evita di usare parole negative o limitanti sul denaro, come "Non guadagnerò mai abbastanza". Invece, usa parole positive e affermative, come "Attiro sempre denaro e opportunità per me stesso".

Trova uno scopo nella tua vita: molte persone ricche e di successo hanno un forte senso dello scopo nella loro vita. Quando trovi la tua passione e il tuo scopo, è più facile trovare la motivazione e l'energia per lavorare verso i tuoi obiettivi finanziari.

Impara dai tuoi errori: invece di scoraggiarti per i tuoi errori finanziari, usali come opportunità di apprendimento. Rifletti su cosa avresti potuto fare diversamente e usa queste lezioni per prendere decisioni migliori in futuro.

Circondati di persone positive: le persone intorno a te hanno un'enorme influenza sulla tua mentalità e sui tuoi comportamenti. Cerca di circondarti di persone positive e incoraggianti che credono in te e nei tuoi obiettivi.

La creazione di una mentalità di abbondanza e prosperità non avviene dall'oggi al domani, ma è un processo continuo di cambiamento e crescita. Con la pratica e la dedizione, puoi cambiare il modo in cui pensi al denaro e al successo e attirare più abbondanza nella tua vita.

Come costruire un portafoglio di investimenti diversificato.

Costruire un portafoglio di investimenti diversificato è una strategia importante per chiunque voglia investire il proprio denaro in modo intelligente e sicuro. Questo perché la diversificazione consente di ridurre il rischio di perdite in un singolo investimento, poiché il denaro è distribuito in più attività diverse.

Per iniziare a costruire il tuo portafoglio di investimenti, devi prima definire i tuoi obiettivi e il profilo dell'investitore. Successivamente, è necessario comprendere i tipi di investimenti disponibili, che possono includere azioni, titoli di Stato, fondi immobiliari, fondi di investimento, tra gli altri.

La diversificazione può essere effettuata sia attraverso investimenti in diverse classi di attività sia attraverso investimenti in diverse società all'interno della stessa classe di attività. Ad esempio, all'interno delle azioni, è possibile investire in società di diversi settori, come tecnologia, salute, energia, ecc. Inoltre, è possibile investire anche in società di diverse dimensioni, dalle cosiddette small cap alle grandi società blue chip.

Un altro modo per diversificare il tuo portafoglio è investire in diverse aree geografiche, comprese società internazionali e attività in valute diverse. Ciò può contribuire a ridurre il rischio di una recessione economica in un paese specifico che influisca su tutti gli investimenti di portafoglio.

Vale la pena ricordare che la diversificazione non garantisce il profitto o la protezione totale dalle perdite, ma è una strategia importante per minimizzare i rischi e cercare rendimenti più stabili nel tempo. È inoltre importante ricordare che la diversificazione deve essere monitorata regolarmente, adeguando il portafoglio in base ai cambiamenti del mercato e agli obiettivi dell'investitore.

Le differenze tra reddito passivo e reddito attivo.

Il reddito passivo e il reddito attivo sono due importanti concetti finanziari che vengono spesso discussi in relazione al perseguimento dell'indipendenza finanziaria e della ricchezza. Entrambe le forme di reddito hanno i loro vantaggi e svantaggi e comprendere la differenza tra loro può aiutarti a prendere decisioni finanziarie più informate.

Il reddito attivo è la forma di reddito più comune ed è generato attraverso il lavoro retribuito, sia come dipendente che come imprenditore. Questo tipo di reddito richiede di investire tempo e impegno in un'attività specifica in cambio di un compenso diretto. Il lavoro può essere temporaneo o permanente, ma richiede uno sforzo continuo per mantenere il reddito. Un esempio di reddito attivo sarebbe un lavoro come medico, insegnante o dirigente, in cui il reddito viene generato in cambio di ore lavorate.

D'altra parte, il reddito passivo è la forma di reddito che puoi guadagnare senza dover lavorare attivamente per ottenerlo. In altre parole, è una forma di reddito generata dagli investimenti che hai effettuato , come affitti immobiliari, investimenti in azioni e dividendi, diritti di proprietà intellettuale, tra gli altri. Una volta stabilito l'investimento, il reddito passivo può affluire senza che tu debba fare molti sforzi.

Mentre il reddito attivo può ripagare più velocemente, richiede uno sforzo costante per mantenerlo. Il reddito passivo, d'altra parte, può offrirti un flusso costante di reddito senza la necessità di lavorare attivamente. Tuttavia, molte volte, gli investimenti necessari per generare reddito passivo richiedono un grande investimento iniziale e un periodo di attesa prima di iniziare a generare profitti.

La scelta tra reddito attivo e passivo dipende dai tuoi obiettivi finanziari e dalla tua attuale situazione finanziaria. Ad esempio, se hai un debito o una fonte instabile di reddito attivo, potresti dover concentrarti sulla generazione di reddito attivo per coprire le tue spese. D'altra parte, se hai una notevole quantità di denaro da investire e stai cercando un modo per generare reddito senza dover lavorare attivamente, il reddito passivo potrebbe essere un'opzione praticabile.

Il reddito passivo e il reddito attivo sono modi diversi di generare reddito e ognuno ha i suoi vantaggi e svantaggi. È importante capire le differenze tra loro e valutare quale sia l'opzione migliore per raggiungere i tuoi obiettivi finanziari. Ricorda che le scelte finanziarie possono essere complesse e richiedere un'attenta pianificazione, ma investire tempo e sforzi ora può portare a risultati finanziari positivi lungo la strada.

Investimenti: da dove iniziare e quali opzioni sono disponibili.

Investire è un ottimo modo per far lavorare i soldi per te e raggiungere i tuoi obiettivi finanziari. Ma da dove cominciare? E quali opzioni sono disponibili?

Prima di investire, è importante disporre di una riserva di emergenza per far fronte a eventi imprevisti. Successivamente, è fondamentale definire i tuoi obiettivi finanziari e i tempi per raggiungerli. Con questo in mente, è tempo di cercare opzioni di investimento.

Un'opzione sicura per chi ha appena iniziato sono i titoli di stato, come il Tesoro diretto. Sono investimenti a reddito fisso, cioè gli interessi e la forma di remunerazione sono già definiti al momento della domanda. È un'alternativa a basso rischio con buoni rendimenti.

Un'altra opzione sono i fondi di investimento, che riuniscono risorse di diversi investitori per l'investimento in vari asset, come azioni, obbligazioni, immobili e altri. Ci sono opzioni per tutti i profili di investitori, dal più conservatore al più aggressivo. È importante valutare i costi e le spese amministrative per scegliere l'opzione migliore.

Le azioni sono anche un'opzione di investimento a reddito variabile. È possibile acquistare azioni di società in borsa, che possono offrire un alto potenziale di redditività, ma comportano anche maggiori rischi.

Inoltre, ci sono altre opzioni come fondi immobiliari (FII), certificati di deposito bancario (CDB), lettere di credito (LCI e LCA), tra gli altri.

Indipendentemente dalla scelta, è importante tenere presente che investire richiede disciplina e pianificazione. È essenziale monitorare i tuoi investimenti, valutare se sono in linea con i tuoi obiettivi e apportare modifiche quando necessario.

Infine, è importante cercare informazioni ed educare te stesso finanziariamente per prendere le migliori decisioni di investimento e raggiungere i tuoi obiettivi finanziari.

I benefici ei rischi di investire in azioni in borsa.

Investire in azioni in borsa è una delle forme di investimento più note e popolari. Le azioni sono titoli che rappresentano la proprietà di una quota di una società e che possono essere scambiati in borsa. Quando una società ha successo e i suoi profitti aumentano, il valore delle azioni tende a salire, il che può generare buoni ritorni finanziari per gli investitori.

Tuttavia, investire in azioni comporta anche dei rischi. Il valore delle azioni può variare notevolmente, a seconda di diversi fattori, come la performance aziendale, le variazioni dell'economia, le crisi politiche, tra gli altri. Pertanto, prima di investire in azioni, è importante avere una buona conoscenza di come funziona il mercato finanziario, le società in cui si intende investire, l'andamento economico e le prospettive del mercato.

Inoltre, è importante ricordare che investire in azioni dovrebbe essere una strategia a lungo termine. Le oscillazioni del mercato possono generare guadagni a breve termine, ma l'investitore che cerca di arricchirsi dovrebbe considerare di investire in azioni come parte di una strategia di investimento diversificata a lungo termine.

Per investire in azioni, è necessario aprire un conto presso un agente di cambio, che intermedia le transazioni in borsa. L'intermediazione offre piattaforme di trading e servizi di analisi di mercato e aziendali, che possono essere utili per guidare le decisioni di investimento.

Investire in azioni può essere un modo interessante per cercare ricchezza, ma è necessario essere consapevoli dei rischi connessi e investire in modo consapevole e strategico, cercando sempre la guida di professionisti specializzati.

Come investire nel settore immobiliare e guadagnare con l'affitto.

Investire nel settore immobiliare è uno dei modi più popolari per generare reddito passivo e creare ricchezza a lungo termine. Molte persone scelgono di investire in immobili in affitto come un modo per aumentare il proprio reddito e accumulare ricchezza nel tempo. Ma esattamente come è possibile investire nel settore immobiliare e guadagnare con l'affitto?

La prima cosa da considerare è il tipo di immobile su cui vuoi investire. Alcune opzioni includono case, appartamenti, proprietà commerciali, terreni e proprietà rurali. Ogni tipo di proprietà ha i suoi vantaggi e svantaggi, quindi è importante fare una ricerca dettagliata e determinare quale tipo di proprietà si adatta meglio alle tue esigenze e ai tuoi obiettivi.

Una volta individuato il tipo di immobile su cui vuoi investire, è il momento di valutare il mercato immobiliare. Ciò include la ricerca di prezzi e tendenze di mercato nella tua area di interesse, nonché l'analisi delle condizioni economiche che possono influenzare il mercato immobiliare a breve e lungo termine.

Dopo aver trovato una proprietà adatta e averla acquistata, il passo successivo è prepararla per l'affitto. Ciò può includere le riparazioni e i miglioramenti necessari, nonché la creazione di un efficace piano di gestione della proprietà. È importante assicurarsi che la proprietà sia in buone condizioni e che tutti i servizi essenziali come elettricità, acqua e internet funzionino correttamente.

Nel determinare l'importo dell'affitto, è importante considerare l'ubicazione della proprietà, i servizi offerti e i prezzi di affitto comparabili nella zona. Un contratto di locazione adeguato può garantire un flusso costante di entrate e, nel tempo, può anche aiutare a ripagare l'investimento inizlale.

Infine, è importante ricordare che investire in una proprietà in affitto può richiedere molto lavoro e impegno, soprattutto quando si tratta di gestione della proprietà. Devi essere preparato ad affrontare problemi di manutenzione, inquilini problematici e altre sfide che potrebbero sorgere lungo il percorso. Ma con la giusta strategia e una corretta gestione, investire nel settore immobiliare può essere un modo solido per creare ricchezza a lungo termine.

I vantaggi e gli svantaggi di investire in fondi immobiliari.

I fondi immobiliari sono una forma di investimento nel settore immobiliare che ha guadagnato una crescente popolarità in Brasile. Sono formati da un gruppo di investitori che si uniscono per acquistare immobili e, quindi, ricevono affitti per questi immobili in proporzione all'importo investito.

Uno dei principali vantaggi dei fondi immobiliari è la possibilità di investire in immobili con pochi soldi, in quanto l'importo minimo da investire in alcuni di questi fondi può essere molto conveniente. Inoltre, gli investitori non devono preoccuparsi della gestione della proprietà, poiché questa responsabilità è di competenza del gestore del fondo.

Un altro vantaggio è la possibilità di diversificare il portafoglio di investimenti. Investire in una singola proprietà può essere rischioso, poiché il valore di quella proprietà potrebbe diminuire o l'inquilino potrebbe non pagare l'affitto. Con i fondi immobiliari, l'investitore può investire in più immobili, riducendo il rischio.

Tuttavia, come ogni investimento, anche i fondi immobiliari presentano degli svantaggi. Il rischio principale è la variazione del valore delle azioni del fondo in borsa. Se il mercato immobiliare è in ribasso, è possibile che il valore delle azioni scenda, con conseguenti perdite per l'investitore.

Un altro fattore da considerare è la commissione di gestione del fondo, che può essere elevata e ridurre il ritorno sull'investimento . Pertanto, è importante valutare attentamente le commissioni addebitate prima di investire in un fondo immobiliare.

I fondi immobiliari possono essere una forma interessante di investimento nel settore immobiliare per coloro che cercano di diversificare il proprio portafoglio di investimenti e hanno pochi soldi da investire in immobili fisici. Tuttavia, è necessario valutare attentamente i rischi e le commissioni prima di prendere una decisione di investimento.

Come affrontare il debito e uscire dal debito.

Vivere con i debiti è un enorme fardello per molte persone, impedendo loro di raggiungere i propri obiettivi finanziari e portandole persino a uno stato di ansia e stress. Tuttavia, ci sono modi per affrontare il debito e uscire dal debito.

Il primo passo per uscire dai debiti è capire la tua attuale situazione finanziaria. Ciò significa fare un'indagine su tutti i debiti, compreso l'importo, la durata e i tassi di interesse. Con queste informazioni in mano, puoi creare un piano d'azione per iniziare a ripagare il debito.

Una delle strategie più efficaci è la negoziazione del debito. Contattare i creditori per discutere le opzioni di pagamento può comportare condizioni migliori, come tassi di interesse più bassi, termini estesi e rimborso del debito. È importante essere trasparenti sulla situazione finanziaria e mostrare impegno a rimborsare il debito.

Un'altra strategia è ridurre le spese e risparmiare denaro per indirizzarlo verso il pagamento del debito. Ciò può comportare la revisione delle spese mensili, il taglio delle spese non necessarie e l'evitare nuovi debiti. È anche importante considerare la possibilità di aumentare il reddito attraverso il lavoro extra o la propria attività.

Per evitare che il debito si accumuli di nuovo, devi cambiare la tua mentalità riguardo al denaro. Ciò implica imparare a convivere con ciò che si ha, evitando l'uso di crediti inutili e mantenendo una riserva finanziaria per le emergenze.

Affrontare il debito e uscire dal debito può essere un processo difficile, ma è possibile. Con un piano d'azione ben strutturato e una mentalità positiva, è possibile raggiungere la libertà finanziaria e vivere senza la pressione del debito.

Come negoziare salari e benefici per aumentare il reddito.

Se sei un dipendente di un'azienda, sapere come negoziare stipendio e benefici può essere uno dei modi più efficaci per aumentare il reddito. Tuttavia, molte persone hanno paura di chiedere un aumento o non sanno come affrontare la questione con il proprio datore di lavoro. È importante ricordare che negoziare non è un atto di avidità, ma un modo per riconoscere il proprio valore e garantire una vita finanziaria più stabile.

Il primo consiglio per negoziare stipendi e benefit è fare ricerche sul mercato. Scopri qual è lo stipendio medio per il tuo ruolo e la tua regione e usalo come base per la negoziazione. È anche importante considerare altri vantaggi, come l'assicurazione sanitaria, i buoni pasto, i buoni per il trasporto, tra gli altri.

Un altro consiglio importante è scegliere il momento giusto per la negoziazione. Evita di chiedere un aumento subito dopo una crisi aziendale o quando il datore di lavoro è sopraffatto da altre richieste. Prova a scegliere un momento in cui il clima organizzativo è più calmo e la tua performance è stata soddisfacente.

Quando inizi la negoziazione, sii chiaro e obiettivo. Indica i motivi alla base della tua richiesta di aumento e mostra in che modo hai contribuito all'azienda fino a quel momento. Metti in evidenza i tuoi risultati e gli obiettivi raggiunti. Se possibile, presenta dati e numeri che dimostrino la tua prestazione.

È anche importante essere aperti ad altre possibilità di benefici se il datore di lavoro non è al momento in grado di concedere un aumento di stipendio. Chiedi informazioni sulle possibilità di home office, orari flessibili, programmi di formazione, tra le altre cose che potrebbero interessarti.

La negoziazione di stipendi e benefici è un processo importante che può essere vantaggioso per entrambe le parti. Sii chiaro, obiettivo e fiducioso nelle tue capacità e risultati. Ricorda che negoziare è un'opportunità per riconoscere il tuo valore e garantire una vita finanziaria più stabile.

Come utilizzare Internet per creare fonti di reddito online.

Con il progresso della tecnologia e la diffusione di Internet, sempre più persone hanno cercato modi per guadagnare soldi online. Sia come reddito principale che supplementare, ci sono diverse opportunità di business che possono essere esplorate su Internet.

Uno dei modi più comuni per guadagnare soldi online è vendendo prodotti o servizi su Internet. È possibile creare un negozio virtuale e vendere prodotti fisici o digitali, come corsi online, e-book, musica, tra gli altri. È anche possibile offrire servizi online, come consulenza, progettazione grafica, programmazione, tra gli altri.

Un altro modo per guadagnare soldi online è creare contenuti su Internet. È possibile monetizzare un blog, un canale YouTube o un profilo sui social network attraverso programmi di affiliazione, pubblicità o partnership con brand. Alcuni creatori di contenuti guadagnano anche cifre significative con i loro canali e profili.

Inoltre, ci sono anche diverse piattaforme che offrono lavoro freelance in diverse aree, come scrittura, traduzione, editing video, design, tra gli altri. Puoi registrarti su queste piattaforme e trovare lavoro per integrare il tuo reddito o addirittura renderlo una delle principali fonti di reddito.

È importante notare che, come per qualsiasi altra attività, è necessario avere una strategia ben definita e molta dedizione per avere successo nelle fonti di reddito online. Devi studiare le possibilità e scoprire quale opzione è la migliore in base al tuo profilo e alle tue capacità.

Internet offre molte opportunità di business e fonti di reddito online. Devi essere aperto a esplorare queste possibilità e dedicarti al raggiungimento del successo. Con la pianificazione e il duro lavoro, è possibile creare una fonte di reddito online redditizia e duratura.

Come investire in criptovalute e altre nuove tecnologie finanziarie.

Investire in criptovalute e altre nuove tecnologie finanziarie è diventata un'opzione sempre più popolare per gli investitori che desiderano diversificare i propri portafogli e ottenere rendimenti elevati. Tuttavia, è importante essere consapevoli dei rischi connessi a questo tipo di investimento e informarsi bene prima di prendere qualsiasi decisione.

Le criptovalute sono valute digitali crittografate che utilizzano la tecnologia blockchain per garantire la sicurezza delle transazioni e il decentramento del sistema finanziario. Il più noto di questi è Bitcoin, ma ci sono molte altre criptovalute sul mercato, come Ethereum , Litecoin , Ripple , tra gli altri.

Sebbene le criptovalute abbiano registrato valutazioni elevate nel corso degli anni, è importante ricordare che sono attività estremamente volatili e soggette a significative fluttuazioni di prezzo. Inoltre, c'è ancora molta incertezza sul futuro normativo e tecnologico delle criptovalute, che potrebbe incidere sul loro valore a lungo termine.

Tuttavia, se decidi di investire in criptovalute, è importante seguire alcuni suggerimenti per ridurre al minimo i rischi. Per prima cosa informati sull'argomento, scopri come funziona la tecnologia blockchain e quali sono le principali criptovalute disponibili sul mercato. Inoltre, è importante definire una chiara strategia di investimento e non investire più di quanto ci si può permettere di perdere.

Un altro modo per investire in nuove tecnologie finanziarie è attraverso le startup fintech , che stanno proponendo soluzioni innovative in varie aree del settore finanziario, come prestiti, investimenti e pagamenti. Investire in una fintech può essere un'interessante opportunità per partecipare al potenziale di crescita di un'azienda in fase iniziale, ma è importante valutare attentamente il modello di business e il team dietro la startup prima di investire.

Investire in criptovalute e altre nuove tecnologie finanziarie può essere un'opzione allettante per gli investitori alla ricerca di rendimenti elevati, ma è importante essere consapevoli dei rischi connessi e istruirsi bene prima di prendere qualsiasi decisione. Inoltre, è importante valutare bene le opzioni disponibili e definire una chiara strategia di investimento prima di investire il proprio denaro.

Come creare una fonte di reddito passiva attraverso Royalties e Licensing.

Se stai cercando un modo per guadagnare denaro senza lavorare direttamente per esso, i flussi di reddito passivo possono essere un'ottima opzione. Un modo per farlo è attraverso royalties e licenze.

Le royalties sono pagamenti ricevuti da qualcuno che detiene il copyright di un prodotto o di una proprietà intellettuale, come un libro, una canzone o un film. Quando qualcuno acquista o utilizza quel prodotto, il proprietario riceve una percentuale dei profitti.

La licenza, d'altra parte, è quando qualcuno paga per utilizzare una proprietà intellettuale o un marchio. Ad esempio, un'azienda può pagare per utilizzare un marchio e un logo sui propri prodotti.

Per iniziare a guadagnare da royalties e licenze, devi prima creare qualcosa che abbia un valore intellettuale o artistico. Questo potrebbe essere un libro, una canzone, un'opera d'arte o anche un'invenzione.

Dovrai quindi registrare il tuo copyright o proprietà intellettuale presso le autorità competenti per proteggerlo legalmente.

Successivamente, puoi iniziare a concedere in licenza o vendere il tuo copyright o proprietà intellettuale ad altre società o individui in cambio di royalties. Esistono molte piattaforme online che aiutano a mettere in contatto i titolari di copyright con le aziende interessate a concedere in licenza i loro prodotti.

Tieni presente che la creazione di una fonte di reddito passiva attraverso royalties e licenze può richiedere tempo e impegno in anticipo, ma può essere un modo gratificante per fare soldi a lungo termine. Assicurati di proteggere adeguatamente il tuo diritto d'autore e la proprietà intellettuale e, se necessario, rivolgiti a un legale.

Suggerimenti per costruire un patrimonio netto solido nel tempo.

Costruire un solido patrimonio netto nel tempo è un obiettivo finanziario comune per molte persone. Anche se può sembrare impegnativo, con la giusta strategia e sane abitudini finanziarie, è possibile raggiungere questo obiettivo.

Uno dei migliori consigli per costruire un solido patrimonio netto è vivere al di sotto delle proprie possibilità. Ciò significa spendere meno di quanto guadagni e risparmiare denaro regolarmente. Puoi iniziare facendo un budget e dando la priorità alle tue spese per ridurre le spese non necessarie.

Un altro consiglio importante è investire saggiamente i tuoi soldi. Invece di tenere tutti i tuoi soldi in un conto bancario, considera di investire in azioni, obbligazioni o immobili. Assicurati di diversificare i tuoi investimenti per ridurre al minimo il rischio.

Inoltre, è essenziale avere pazienza e perseveranza. Costruire un solido patrimonio netto non avviene dall'oggi al domani, accade nel tempo. È importante tenere a mente i propri obiettivi finanziari e non arrendersi di fronte agli ostacoli.

Un altro consiglio è avere una mentalità a lungo termine. È facile essere tentati di spendere soldi per cose che portano soddisfazione immediata, ma questo può far deragliare i tuoi piani finanziari a lungo termine. Invece, pensa ai tuoi obiettivi finanziari a lungo termine e prendi decisioni di spesa basate su di essi.

Infine, è importante rivedere regolarmente le tue finanze e adattare la tua strategia man mano che la tua vita cambia. Assicurati che i tuoi investimenti siano ancora in linea con i tuoi obiettivi finanziari e apporta modifiche se necessario.

Per costruire un solido patrimonio netto, devi vivere al di sotto delle tue possibilità, investire saggiamente i tuoi soldi, avere pazienza e perseveranza, avere una mentalità a lungo termine e rivedere regolarmente le tue finanze. Con queste sane strategie e abitudini finanziarie, sarai sulla buona strada per raggiungere i tuoi obiettivi finanziari.

Come scegliere le migliori opzioni di credito per le tue esigenze.

Scegliere le migliori opzioni di credito per le tue esigenze può essere una sfida, poiché ci sono molte opzioni disponibili sul mercato. È importante capire le differenze tra loro e scegliere quello che meglio si adatta alle tue esigenze finanziarie. In questo testo vedremo alcuni suggerimenti per aiutarti a scegliere le migliori opzioni di credito.

La prima cosa da considerare è qual è il tuo scopo quando richiedi credito. Ti servono soldi per un'impresa, per un'emergenza finanziaria, per finanziare un bene o un servizio? A seconda dell'obiettivo, ci sono opzioni di credito più vantaggiose di altre.

Se hai bisogno di soldi per un'emergenza finanziaria, un'opzione è richiedere un prestito personale. Il prestito personale è una tipologia di credito che non richiede garanzie reali, il che significa che non è necessario fornire un bene in garanzia per ottenere il prestito. Tuttavia, i tassi di interesse possono essere elevati, quindi è importante confrontare i tassi di interesse tra diversi istituti finanziari prima di decidere dove richiedere un prestito.

Se hai bisogno di soldi per finanziare un bene, come un'auto o una casa, un'opzione è richiedere un prestito garantito. In questo tipo di prestito, il bene da finanziare viene utilizzato come garanzia per il prestito. Ciò significa che se sei inadempiente sul prestito, l'istituto finanziario può prendere l'asset. L'interesse è generalmente inferiore rispetto a un prestito personale, ma bisogna fare attenzione a non compromettere la capacità di pagamento.

Un'altra opzione è una carta di credito. Le carte di credito sono un modo conveniente per ottenere credito, ma i tassi di interesse possono essere molto alti. È importante usare la tua carta di credito con saggezza e pagare il conto per intero ogni mese per evitare interessi e sanzioni.

Un altro modo per ottenere credito è attraverso una linea di credito. Una linea di credito è un'opzione pre-approvata per ottenere credito, che di solito è collegata a un conto bancario. Ciò significa che quando hai bisogno di soldi, puoi prelevare dalla linea di credito e pagare solo gli interessi sull'importo utilizzato. È importante prestare attenzione ai tassi di interesse e alle condizioni contrattuali prima di scegliere questa opzione.

La scelta della migliore opzione di credito implica la comprensione delle proprie esigenze finanziarie e il confronto tra le diverse opzioni disponibili. È importante scegliere l'opzione più adatta alle proprie esigenze e capacità di pagamento. Inoltre, è essenziale leggere attentamente i contratti e i tassi di interesse per evitare debiti inutili e problemi finanziari in futuro.

Come affrontare la pressione sociale per spendere soldi e mantenere uno stile di vita finanziariamente sano.

La pressione sociale a spendere soldi è una realtà per molte persone, specialmente nelle società in cui il consumo è visto come un simbolo di status e successo. Tuttavia, per coloro che cercano di mantenere uno stile di vita finanziariamente sano e costruire una solida ricchezza nel tempo, è importante imparare come affrontare questa pressione e rimanere fedeli ai propri obiettivi finanziari.

Una delle prime cose che puoi fare per affrontare la pressione della società a spendere soldi è stabilire i tuoi valori finanziari. Rifletti su ciò che è veramente importante per te e su ciò che apprezzi nella tua vita. Ad esempio, potresti valutare le esperienze di viaggio più dei beni materiali, oppure potresti dare la priorità al risparmio di denaro per la pensione piuttosto che spenderlo in intrattenimento costoso. Identificando i tuoi valori finanziari, puoi prendere decisioni più consapevoli che sono in linea con i tuoi obiettivi.

Inoltre, è importante circondarsi di persone che condividono i tuoi stessi valori finanziari. Ciò potrebbe significare trovare amici che preferiscono attività più parsimoniose o persino entrare a far parte di gruppi di interesse comuni incentrati sulla finanza personale. Avere persone intorno a te che supportano le tue decisioni finanziarie può aiutarti a rispettare i tuoi obiettivi.

Un'altra strategia utile per affrontare la pressione sociale a spendere soldi è stabilire un budget chiaro e realistico per le tue spese. Avendo un'idea chiara di quanti soldi hai bisogno per coprire i tuoi bisogni di base e raggiungere i tuoi obiettivi finanziari, puoi prendere decisioni più informate sulla tua spesa ed evitare spese impulsive che possono danneggiare la tua salute finanziaria.

Infine, ricorda che la gestione delle tue finanze personali è una responsabilità individuale e che sei tu quello che dovrebbe prendere le decisioni che meglio soddisfano i tuoi obiettivi finanziari. È normale sentire la pressione della società per spendere soldi, ma è importante non lasciare che danneggi la tua salute finanziaria a lungo termine. Rimani fedele ai tuoi valori finanziari, stabilisci un budget realistico e circondati di persone che ti supportano nelle tue decisioni finanziarie. In questo modo, sarai sulla strada giusta per costruire un solido patrimonio e raggiungere l'indipendenza finanziaria.

Come ridurre le spese alimentari senza compromettere la qualità del cibo.

Mangiare bene è importante per la salute fisica e mentale, ma ciò non significa che devi spendere molti soldi per mantenere una dieta sana. Esistono molti modi per ridurre le spese alimentari senza compromettere la qualità del cibo. Ecco alcuni suggerimenti per aiutarti a risparmiare sulla spesa alimentare.

Pianifica i pasti - Pianificare i pasti in anticipo è uno dei modi migliori per risparmiare sulla spesa alimentare. Fai una lista della spesa basata sui pasti pianificati e acquista solo gli articoli necessari.

Acquista cibi freschi di stagione - I cibi freschi di stagione sono generalmente più economici di quelli fuori stagione. Sono anche più gustose e nutrienti poiché vengono raccolte al momento giusto.

Acquista cibo sfuso - Acquistare cibo sfuso come riso, fagioli, lenticchie e cereali può essere molto economico. Questi alimenti sono nutrienti, facili da conservare e possono essere utilizzati in una varietà di ricette.

Cucinare a casa - Mangiare fuori può essere costoso, quindi cerca di cucinare a casa quando possibile. Oltre a risparmiare denaro, puoi anche controllare ingredienti e porzioni.

Usa coupon e offerte: cerca coupon e offerte nei negozi locali e online. Molti supermercati offrono sconti su prodotti selezionati o sull'intero acquisto.

Evita cibi trasformati e confezionati - Gli alimenti trasformati e confezionati tendono ad essere più costosi di quelli freschi. Inoltre, spesso contengono conservanti e additivi che possono essere dannosi per la salute.

Fare un orto in casa - Piantare un orto in casa è un ottimo modo per risparmiare sull'acquisto di cibo. Inoltre, è un'attività divertente e rilassante che può essere condivisa con la famiglia.

Acquista nei discount - Alcuni discount offrono prezzi più bassi sui prodotti di marca. Cerca un discount vicino a te e risparmia sulla spesa alimentare.

Congelare cibi extra - Se hai cibi extra che non verranno consumati subito, congelali per un uso futuro. Questo può far risparmiare denaro e prevenire lo spreco di cibo.

Evita lo spreco di cibo - Lo spreco di cibo può essere costoso. Cerca di evitare lo spreco di cibo acquistando solo ciò di cui hai bisogno, conservando il cibo correttamente e utilizzando gli avanzi per preparare altri pasti.

Risparmiare denaro sugli acquisti di cibo può essere facile se si pianifica in anticipo, si acquistano cibi freschi di stagione, si cucina a casa, si utilizzano coupon e offerte, si evitano alimenti trasformati e confezionati, si coltiva un orto domestico, si acquistano nei discount, si congelano gli extra alimentari, evitare gli sprechi alimentari e mantenere uno stile di vita finanziariamente sano.

I miti sul denaro da sfatare per diventare ricchi.

Quando si tratta di diventare ricchi, ci sono molti miti che possono ostacolare le persone nel loro viaggio finanziario. È importante identificare e sfatare questi miti per raggiungere l'indipendenza finanziaria e creare ricchezza nel tempo.

Uno dei miti più comuni è che i soldi portino la felicità. Mentre il denaro può portare conforto e sicurezza, non è una fonte garantita di felicità. Le persone che cercano la felicità dovrebbero concentrarsi su cose che non possono essere acquistate, come le relazioni, lo scopo della vita e la salute mentale.

Un altro mito è che il successo finanziario si basa sulla fortuna. Mentre la fortuna può svolgere un ruolo in alcune opportunità, la maggior parte delle persone di successo finanziario ha raggiunto i propri obiettivi attraverso il duro lavoro, la pianificazione e la perseveranza. È importante adottare un approccio proattivo alla finanza personale e cercare opportunità per crescere e sviluppare capacità finanziarie.

Un terzo mito è che arricchirsi velocemente è possibile. Sebbene possano esserci delle eccezioni, la maggior parte delle persone benestanti ha raggiunto la propria ricchezza nel tempo, costruendola con pazienza e perseveranza. È importante avere una visione a lungo termine e fissare obiettivi finanziari realistici per raggiungere l'indipendenza finanziaria.

Un altro mito comune è che i ricchi siano avari o egoisti. In realtà, molti milionari sono generosi e si impegnano in attività filantropiche. È importante ricordare che la ricchezza può essere utilizzata per aiutare altre persone e fare la differenza nelle loro vite.

Infine, un mito che può essere dannoso è che sia troppo tardi per iniziare a creare ricchezza. In effetti, non è mai troppo tardi per iniziare ad apportare cambiamenti positivi alle tue finanze personali e costruire un futuro finanziario sicuro. Anche piccoli cambiamenti nello stile di vita, come ridurre le spese inutili e investire in un portafoglio diversificato, possono fare la differenza nel tempo.

Sfatare questi miti può aiutare le persone a costruire una mentalità più sana riguardo al denaro e raggiungere l'indipendenza finanziaria. È importante ricordare che la ricchezza non è una misura del successo o della felicità, ma può essere uno strumento prezioso per raggiungere obiettivi personali e fare la differenza nella vita degli altri.

Come mettere insieme un piano pensionistico che garantisca una vita finanziaria stabile in futuro.

Pianificare la pensione è una delle cose più importanti che puoi fare per garantire la tua stabilità finanziaria in futuro. Sfortunatamente, molte persone non pensano a come finanziare la pensione fino a quando non è troppo tardi. Se vuoi assicurarti di avere un futuro finanziario stabile, è fondamentale iniziare a pianificare la tua pensione ora.

Il primo passo per mettere insieme un piano pensionistico è definire il tuo obiettivo finanziario. Devi determinare di quanti soldi hai bisogno per vivere comodamente in pensione. Ciò può dipendere dal tuo stile di vita attuale, dall'aspettativa di vita, dai costi dell'assistenza sanitaria, tra gli altri fattori.

Con il tuo obiettivo finanziario in mente, il passo successivo è scegliere gli investimenti che ti aiuteranno a raggiungerlo. Sono disponibili diverse opzioni di investimento, come azioni, fondi di investimento, obbligazioni, pensione privata, tra gli altri. È importante scegliere un mix di investimento che soddisfi le tue esigenze e i tuoi obiettivi finanziari.

Un altro fattore importante da considerare è il tempo. Prima inizi a investire, più tempo hai per accumulare denaro e consentire agli interessi composti di lavorare a tuo favore. Se parti per iniziare a investire in un secondo momento, dovrai investire più denaro per raggiungere il tuo obiettivo finanziario.

Inoltre, è importante ricordare che il pensionamento non è un evento isolato. È un processo continuo che può durare decenni. Ciò significa che dovrai rivedere regolarmente il tuo piano pensionistico e adattare le tue strategie di Investimento secondo necessità.

Mettere insieme un piano pensionistico può essere un compito impegnativo, ma è essenziale per garantire una vita finanziaria stabile in futuro. Stabilisci il tuo obiettivo finanziario, scegli gli investimenti che meglio si adattano alle tue esigenze, inizia a investire il prima possibile e rivedi regolarmente il tuo piano. Con disciplina e pianificazione, puoi avere un futuro finanziario pacifico e sicuro.

Segreti di investitori di successo per moltiplicare l'equità.

Investire denaro è un ottimo modo per moltiplicare il proprio capitale, ma è importante ricordare che il successo dell'investimento non è garantito. Alcune persone riescono a ottenere un ottimo ritorno sul loro investimento e ad aumentare significativamente il loro patrimonio netto, mentre altre non sono così fortunate. Ma, in fondo, quali sono i segreti degli investitori di successo?

Pianificazione finanziaria: investire senza un piano è come camminare nel buio, senza sapere dove si sta andando. Avere un piano finanziario ben strutturato è essenziale per investimenti di successo. Determina i tuoi obiettivi, stabilisci una strategia di investimento e stabilisci un periodo di tempo per raggiungere i tuoi obiettivi.

Diversificazione del portafoglio di investimento: la diversificazione del portafoglio è essenziale per ridurre al minimo i rischi e massimizzare i guadagni. Investire in diversi asset, settori e aree geografiche può aiutare a bilanciare il portafoglio e ridurre l'esposizione a fattori esterni.

Disciplina e pazienza: investire è un'attività che richiede disciplina e pazienza. È importante rimanere concentrati sul lungo termine e non lasciarsi trasportare dalle emozioni, evitando di acquistare e vendere asset frequentemente.

Apprendimento costante: gli investimenti sono in continua evoluzione ed è importante essere aggiornati sulle tendenze e le novità del mercato. Cerca informazioni da fonti affidabili, come libri, riviste specializzate e siti web finanziari.

Ricerca di opportunità: gli investitori di successo sono sempre alla ricerca di opportunità di investimento in grado di generare un rendimento significativo. Essere consapevoli delle tendenze del mercato, dei movimenti politici ed economici e delle nuove tecnologie finanziarie che potrebbero emergere.

Consiglio dell'esperto: avvalersi dell'aiuto di un professionista specializzato in investimenti può essere un ottimo modo per ottenere indicazioni e ridurre i rischi. Cerca un professionista di fiducia con comprovata esperienza nel mercato finanziario.

Gestione del rischio: ogni investimento comporta dei rischi ed è importante gestirli correttamente. Avere una strategia di gestione del rischio ben definita ed essere sempre pronti ad affrontare eventi imprevisti.

Investire denaro può sembrare intimidatorio, ma seguendo i segreti degli investitori di successo e avendo disciplina e pazienza, è possibile ottenere un significativo ritorno sull'investimento e moltiplicare il proprio capitale. Ricorda che il successo negli investimenti non è garantito, ma con pianificazione, diversificazione e apprendimento costante, le possibilità di successo sono molto maggiori.

Le migliori app di finanza personale per aiutarti a gestire i tuoi soldi.

Le app di finanza personale sono diventate uno strumento utile per molte persone che vogliono avere il controllo delle proprie finanze. Ti aiutano a tenere traccia delle spese, creare budget, tenere traccia degli investimenti e molto altro. In questo testo, presenteremo alcune delle migliori app di finanza personale disponibili sul mercato.

Mint : Mint è una delle app di finanza personale più popolari e intuitive. Ti consente di tenere traccia delle spese, creare budget e monitorare gli investimenti. L'app offre anche consigli e suggerimenti personalizzati in base alle tue abitudini di spesa.

YNAB: Lo YNAB (Tu Need A Budget) è un'app che si concentra sull'aiutarti a creare e seguire un budget. Ti fornisce informazioni dettagliate su come stai spendendo i tuoi soldi e ti aiuta a dare priorità alle tue spese in modo da poter risparmiare di più.

PocketGuard : PocketGuard è un'applicazione che ti aiuta a gestire le tue finanze in modo semplice e veloce. Ti mostra una panoramica delle tue finanze e classifica le tue spese in modo da poter vedere dove stai spendendo più soldi.

personale : Capitale personale è un'app di gestione patrimoniale che ti consente di tenere traccia dei tuoi conti bancari, investimenti e debiti in un unico posto. Offre anche strumenti di pianificazione finanziaria come calcolatori di pensionamento e pianificatori fiscali.

Wally: Wally è un'app che ti consente di monitorare facilmente le tue spese e creare budget. Ti consente di scattare foto di fatture e riconosce automaticamente le informazioni in modo da poter classificare facilmente le spese.

Ghiande : Ghiande è un'app che ti aiuta a investire denaro in modo intelligente. Arrotonda i tuoi acquisti e investe automaticamente la differenza in un portafoglio personalizzato in base ai tuoi obiettivi finanziari.

Robinhood : Robinhood è un'app di trading azionario che ti consente di investire in azioni ed ETF senza commissioni. È facile da usare e offre strumenti utili per monitorare l'andamento delle tue azioni.

Tiller Money: Tiller Money è un'app di finanza personale che ti consente di tenere traccia delle tue finanze nei fogli di calcolo di Fogli Google . Ti aiuta a classificare le tue spese e ti consente di creare budget personalizzati.

Queste sono solo alcune delle tante app di finanza personale disponibili sul mercato. Ognuno ha i suoi vantaggi e svantaggi, quindi è importante scegliere quello che meglio si adatta alle tue esigenze. Con un po' di tempo e impegno, puoi utilizzare queste app per migliorare la tua vita finanziaria e raggiungere i tuoi obiettivi finanziari.

Come usare la Legge di Attrazione per manifestare l'abbondanza finanziaria nella tua vita.

La Legge di Attrazione è un concetto che è diventato sempre più popolare, soprattutto quando si tratta di raggiungere obiettivi, inclusa la ricchezza finanziaria. L'idea alla base di questo è che puoi manifestare ciò che desideri nella tua vita attraverso pensieri ed emozioni positivi.

Quando si tratta di abbondanza finanziaria, la Legge di Attrazione può essere uno strumento potente. Ma come lo usi esattamente per ottenere ricchezza? Ecco alcuni suggerimenti:

Visualizza la ricchezza: per manifestare l'abbondanza finanziaria, è importante visualizzarla prima nella tua mente. Immagina la sensazione di avere abbastanza soldi per fare quello che vuoi, di essere finanziariamente libero e indipendente. Concentrati su pensieri positivi e visualizza chiaramente queste cose.

Pratica la gratitudine: la gratitudine è una delle emozioni più potenti per attrarre cose buone nella nostra vita. Quando ringrazi per ciò che hai già, invece di concentrarti su ciò che non hai, crei energia positiva che può attrarre plù abbondanza.

Agisci come se avessi già: agisci come se avessi già la ricchezza che desideri. Ciò può significare prendere saggiamente decisioni finanziarie, evitare debiti e spendere all'interno di un budget. Agendo come se fossi già ricco, crei una mentalità di abbondanza che può aiutarti ad attrarre ancora più prosperità.

Sii aperto alle opportunità: sii aperto a nuove opportunità che potrebbero presentarsi nella tua vita. Ciò potrebbe includere investimenti, nuove idee imprenditoriali o opportunità di carriera che potrebbero portare a un aumento del reddito. Quando mantieni una mente aperta, è più probabile che tu noti le opportunità che si presentano.

Credi di meritarlo: Infine, è importante che tu creda di meritare l'abbondanza finanziaria che desideri. Spesso le nostre convinzioni limitanti possono impedirci di raggiungere i nostri obiettivi. Assicurati di essere allineato con il fatto che meriti di essere finanziariamente abbondante e inizia ad agire di conseguenza.

Usare la Legge di Attrazione per manifestare l'abbondanza finanziaria nella tua vita può essere uno strumento potente. Visualizzando la ricchezza, praticando la gratitudine, comportandoti come se l'avessi già, essendo aperto alle opportunità e credendo di meritarlo, puoi creare una mentalità di abbondanza che ti aiuterà a raggiungere i tuoi obiettivi finanziari.

Capitolo 4: Cos'è?

Che cos'è una borsa valori?

Una borsa valori è un istituto finanziario che facilita la negoziazione di titoli come azioni, obbligazioni, materie prime e altre attività finanziarie. Le borse sono una delle principali forme di investimento e raccolta fondi per aziende e governi.

Le negoziazioni in borsa avvengono tramite case di brokeraggio, che rappresentano gli investitori e le transazioni intermedie per l'acquisto e la vendita di attività finanziarie. I prezzi delle attività sono determinati dalla domanda e dall'offerta nel mercato, il che significa che le fluttuazioni dei prezzi riflettono le aspettative e il comportamento degli investitori nei confronti di queste attività.

Gli investitori che acquistano azioni, ad esempio, acquisiscono una parte della società e possono beneficiare della distribuzione degli utili (dividendi) e dell'apprezzamento delle azioni sul mercato. Gli investitori che acquistano obbligazioni, come i titoli di stato, prestano denaro al governo e ricevono in cambio un tasso di interesse.

Oltre ad essere un mercato di investimento, la borsa è anche una fonte di informazioni e analisi finanziarie, poiché le società quotate sono tenute a divulgare informazioni rilevanti sulla loro attività e finanze. In questo modo, gli investitori possono prendere decisioni informate sui loro investimenti.

Le borse sono regolamentate dalle autorità finanziarie, che stabiliscono regole e regolamenti per proteggere gli investitori e garantire la trasparenza del mercato. In Brasile, la Securities and Exchange Commission (CVM) è la principale autorità di regolamentazione del mercato dei capitali.

La borsa è un mercato di investimento in cui gli investitori possono acquistare e vendere attività finanziarie, come azioni e obbligazioni, tramite società di intermediazione. È una fonte di informazioni e analisi finanziarie ed è regolamentata dalle autorità finanziarie per garantire la trasparenza e la protezione degli investitori.

Cosa sono le azioni?

I titoli negoziati in borsa sono titoli di proprietà che rappresentano una parte del capitale sociale di una società. Quando una società decide di quotarsi in borsa e offrire azioni in borsa, sta cercando di raccogliere fondi per finanziare i suoi progetti e le sue operazioni. In cambio, gli investitori che acquistano queste azioni diventano soci della società e possono beneficiare della distribuzione degli utili e dell'apprezzamento delle azioni sul mercato.

Le azioni negoziate in borsa sono classificate in due tipologie principali: ordinarie (ON) e privilegiate (PN). Le azioni ordinarie danno diritto di voto nelle assemblee degli azionisti e sono consigliate per gli investitori che desiderano partecipare attivamente alle decisioni della società. Le azioni privilegiate, invece, non danno diritto di voto, ma hanno priorità nella distribuzione dei dividendi e nella riscossione delle somme in caso di vendita della società o di distribuzione degli utili.

La negoziazione di azioni in borsa si svolge in sessioni di negoziazione, che si tengono dal lunedì al venerdì in orari specifici. Le azioni sono negoziate tramite agenti di cambio, che rappresentano gli investitori e mediano le transazioni di acquisto e vendita. I prezzi delle azioni sono determinati dalla domanda e dall'offerta nel mercato, ovvero, maggiore è la domanda di un determinato titolo, maggiore sarà il suo prezzo.

Le società quotate in borsa sono tenute a divulgare informazioni rilevanti sulla loro attività e finanze, come bilanci, conti economici e altre informazioni rilevanti per gli investitori. In questo modo, gli investitori possono prendere decisioni informate sui propri investimenti e valutare l'andamento dell'azienda nel tempo.

Investire in azioni quotate in borsa può offrire opportunità di guadagni significativi, ma comporta anche rischi e volatilità dei prezzi. Pertanto, è importante chiedere consiglio a professionisti specializzati e diversificare il proprio portafoglio di investimenti per ridurre i rischi.

Le azioni negoziate in borsa sono titoli di proprietà che rappresentano una parte del capitale azionario di una società. Sono classificati come comuni e preferiti e vengono scambiati in sessioni di negoziazione tramite società di intermediazione. Le società quotate in borsa devono divulgare le informazioni rilevanti agli investitori e l'investimento in azioni comporta rischi e volatilità dei prezzi.

Cosa sono le materie prime?

Le merci scambiate in borsa sono prodotti di base, che hanno un prezzo determinato dal mercato internazionale e sono scambiati su larga scala. Le materie prime includono prodotti agricoli come caffè, soia, mais e zucchero, nonché metalli preziosi come oro, argento e platino e materie prime energetiche come petrolio e gas naturale.

In borsa, le materie prime vengono scambiate tramite contratti futures, che sono accordi di acquisto e vendita con consegna futura. I contratti future sono standardizzati e negoziati in borsa, il che consente agli investitori di acquistare e vendere materie prime senza doversi preoccupare delle specifiche del prodotto come qualità, quantità e data di consegna.

I contratti future sono utilizzati sia dai produttori che dai consumatori, che cercano protezione contro le variazioni del prezzo delle materie prime. I produttori possono utilizzare i contratti futures per fissare il prezzo della loro produzione e garantire un rendimento costante, mentre i consumatori possono utilizzare i contratti per garantire un prezzo di acquisto fisso ed evitare le fluttuazioni dei prezzi di mercato.

I prezzi delle materie prime scambiate in borsa sono influenzati da diversi fattori, come le condizioni meteorologiche, la domanda e l'offerta, le politiche governative e l'instabilità geopolitica. Pertanto, gli investitori che desiderano investire in materie prime devono essere consapevoli delle tendenze del mercato e dei rischi connessi.

Investire in materie prime scambiate in borsa può essere un modo per diversificare il proprio portafoglio di investimenti e ottenere guadagni significativi. Tuttavia, è importante ricordare che le materie prime sono materie prime volatili e che l'investimento in contratti future comporta rischi significativi, come la perdita di capitale e la leva finanziaria.

Le merci scambiate in borsa sono prodotti di base come prodotti agricoli, metalli preziosi e materie prime energetiche che vengono scambiati su larga scala. Sono scambiati tramite contratti futures, che sono accordi di acquisto e vendita con consegna futura, e sono influenzati da diversi fattori, come domanda e offerta, politiche governative e instabilità geopolitica. L'investimento in materie prime comporta un rischio significativo ed è importante chiedere consiglio a professionisti specializzati.

Cosa sono i dividendi?

I dividendi sono una parte degli utili di una società che viene distribuita ai suoi azionisti. Questa distribuzione viene effettuata in contanti ed è un modo per remunerare gli investitori che detengono le azioni della società. Questi dividendi sono una delle principali forme di ritorno finanziario per gli azionisti di una società.

I dividendi vengono pagati periodicamente, generalmente trimestralmente o annualmente, e l'ammontare distribuito è definito dal consiglio di amministrazione della società. L'ammontare dei dividendi può variare in funzione dell'andamento della società, della disponibilità di risorse finanziarie e della strategia di investimento della società.

Per ricevere i dividendi, devi essere un azionista della società alla data in cui i dividendi vengono dichiarati. Questa data è nota come data di dichiarazione ed è fissata dal consiglio di amministrazione della società. A partire da tale data, gli azionisti titolari di azioni della società hanno diritto a percepire una quota degli utili sotto forma di dividendi.

I dividendi possono essere un modo interessante per guadagnare reddito passivo dagli investimenti azionari. Tuttavia, è importante ricordare che non tutte le società pagano dividendi e che la distribuzione degli utili può variare nel tempo. Inoltre, è importante considerare altri fattori nella scelta dei titoli su cui investire, come la performance dell'azienda, la qualità del suo management e la sua posizione di mercato.

I dividendi da azioni sono un modo per remunerare gli investitori che detengono azioni in una società e possono essere una fonte di reddito passivo per gli azionisti. È importante ricordare che la distribuzione dei dividendi può variare in funzione dell'andamento della società e che è necessario considerare diversi fattori nella scelta delle azioni su cui investire.

Cos'è una posizione azionaria?

La posizione di partecipazione all'interno di una società si riferisce alla quantità di azioni che un investitore detiene in una determinata società. Ciò significa che la posizione di partecipazione rappresenta la partecipazione dell'investitore nella società in termini di proprietà.

La posizione azionaria è calcolata in base al numero totale di azioni emesse dalla società e al numero di azioni possedute dall'investitore. Ad esempio, se una società ha emesso un totale di 1 milione di azioni e l'investitore possiede 10.000 azioni, la sua partecipazione azionaria è dell'1%.

La posizione azionaria può essere influenzata dall'acquisto o dalla vendita di azioni in borsa. Se un investitore acquista più azioni della società, la sua partecipazione aumenterà. Allo stesso modo, se un investitore vende le sue azioni, la sua partecipazione diminuirà.

La proprietà è importante perché gli investitori che detengono una quota importante nella società hanno più potere decisionale e influenza sul futuro della società. Inoltre, la posizione dell'azionariato influenza anche l'incasso dei dividendi e altri benefici offerti agli azionisti.

È importante ricordare che la posizione di partecipazione non è necessariamente un'indicazione del valore totale dell'investimento di un azionista nella società. Il valore complessivo dell'investimento può inoltre essere influenzato dalle variazioni del prezzo delle azioni sul mercato, oltre che da altri fattori che influenzano l'andamento della società.

La posizione di partecipazione rappresenta la partecipazione dell'investitore nella società in termini di proprietà e influenza il potere decisionale ei benefici offerti agli azionisti. La posizione di partecipazione può essere influenzata dall'acquisto o dalla vendita di azioni ed è un importante indicatore della partecipazione dell'investitore nella società.

Cos'è un portafoglio azionario pensionistico?

Un portafoglio azionario pensione è una strategia di investimento azionario con l'obiettivo di ottenere un ritorno finanziario nel tempo, mirando alla sicurezza finanziaria in pensione. Questo tipo di portafoglio è rivolto agli investitori che desiderano costruire azioni a lungo termine e assicurarsi una fonte di reddito per la pensione.

Il portafoglio titoli pensionistici è composto da azioni di società che hanno un solido track record di performance finanziaria, una buona posizione di mercato e una gestione competente. Queste società sono spesso conosciute come blue chip e sono considerate le più sicure per gli investimenti azionari grazie alla loro stabilità e prevedibilità.

Il portafoglio azionario pensionistico mira a offrire un rendimento finanziario costante ea lungo termine, in quanto le azioni sono detenute per un periodo di tempo prolungato. Questa strategia cerca di minimizzare i rischi associati alla volatilità del mercato azionario e offrire maggiore stabilità agli investitori.

Inoltre, il portafoglio dei fondi pensione può essere integrato da investimenti in altre asset class, quali titoli a reddito fisso, fondi immobiliari e fondi di investimento in genere. Ciò consente di diversificare ulteriormente gli investimenti e ridurre ulteriormente i rischi.

È importante sottolineare che il portafoglio azionario pensionistico non è una strategia per arricchirsi rapidamente. Piuttosto, è una strategia di creazione di ricchezza a lungo termine con un orizzonte di investimento pluriennale. Gli investitori che scelgono questa strategia devono essere disposti a detenere le proprie azioni per un periodo prolungato e non essere scossi dalle fluttuazioni temporanee del mercato.

Un portafoglio azionario pensionistico è una strategia di investimento azionario orientata alla sicurezza finanziaria in pensione. Questo portafoglio è composto da azioni di società di alta qualità e può essere integrato da altri tipi di investimenti. È importante ricordare che questa strategia richiede un orizzonte di investimento a lungo termine e pazienza per resistere alle fluttuazioni del mercato.

Che cos'è il day trading?

Il day trading è una strategia di trading azionario che consiste nell'acquistare e vendere attività nello stesso giorno . Cioè, l'obiettivo della giornata trader è quello di trarre profitto dalle variazioni a breve termine dei prezzi delle azioni, sfruttando le opportunità di mercato in un solo giorno.

Per effettuare il day trading, l'investitore deve essere consapevole dei movimenti del mercato e cercare di identificare gli asset che hanno il maggior potenziale di apprezzamento o deprezzamento durante il giorno. È comune per il giorno i trader utilizzano analisi tecniche e grafici per aiutare nel processo decisionale.

Lo scopo del day trading è realizzare profitti a breve termine sfruttando la volatilità del mercato. Pertanto, questa strategia comporta un alto grado di rischio e richiede conoscenza ed esperienza nel mercato azionario.

Gli investitori che scelgono il day trading devono essere preparati ad affrontare la pressione e lo stress del mercato azionario. È normale che le operazioni di day trading implichino un'alta frequenza di trading in un breve periodo di tempo, il che richiede velocità e agilità nel processo decisionale.

È importante notare che il day trading non è raccomandato per gli investitori principianti o per coloro che cercano investimenti a lungo termine. Inoltre, il day trading comporta costi e tasse più elevati rispetto ad altre strategie di investimento azionario.

Il day trading è una strategia di trading azionario che consiste nell'acquistare e vendere attività nello stesso giorno . Questa strategia mira a ottenere profitti a breve termine, sfruttando la volatilità del mercato. Tuttavia, il day trading comporta un alto grado di rischio e richiede conoscenza ed esperienza nel mercato azionario.

Cos'è un agente di cambio?

Un agente di cambio è un istituto finanziario autorizzato dalla Securities and Exchange Commission (CVM) a intermediare l'acquisto e la vendita di attività finanziarie, come azioni, titoli di stato, fondi di investimento, tra gli altri. Gli agenti di cambio offrono anche servizi di consulenza finanziaria, che includono consigli di investimento, analisi di mercato e monitoraggio dei portafogli di investimento dei clienti.

Per investire in azioni, devi aprire un conto con un agente di cambio. Attraverso la società di intermediazione, gli investitori possono inviare ordini di acquisto e vendita di azioni direttamente in borsa, utilizzando piattaforme di trading online.

Gli agenti di cambio addebitano una commissione di intermediazione, che varia in base al volume delle operazioni effettuate dall'investitore. Inoltre, gli intermediari possono anche addebitare commissioni di custodia e altre spese amministrative.

Nella scelta di una società di brokeraggio è importante valutare alcuni aspetti, come la qualità del servizio, la varietà dei servizi offerti, la facilità di utilizzo della piattaforma di trading, le commissioni applicate e la reputazione dell'istituto nel mercato finanziario.

Un agente di cambio è essenziale per chi vuole investire in azioni, in quanto offre accesso al mercato dei capitali e fornisce supporto e guida agli investitori. È importante scegliere una società di intermediazione affidabile che soddisfi le esigenze dell'investitore, al fine di garantire un'esperienza positiva e sicura nel mercato finanziario.

Cos'è la Securities and Exchange Commission?

La Comissão de Valores Mobiliários (CVM) è un'agenzia federale brasiliana responsabile della regolamentazione e della supervisione del mercato dei titoli, comprese azioni, obbligazioni, titoli di stato, fondi di investimento e altri strumenti finanziari.

I principali obiettivi del CVM sono proteggere gli investitori, promuovere lo sviluppo del mercato dei capitali e garantire la trasparenza e l'efficienza del mercato mobiliare. A tal fine, il CVM opera in diversi ambiti, come la regolamentazione delle attività degli agenti di cambio, l'autorizzazione all'apertura di società quotate in borsa, il monitoraggio delle informazioni divulgate dalle società e l'indagine sulle pratiche irregolari nel mercato.

Inoltre, il CVM ha anche il ruolo di educare gli investitori, attraverso campagne di sensibilizzazione e programmi di formazione, con l'obiettivo di migliorare la conoscenza e la cultura finanziaria della popolazione in relazione al mercato mobiliare.

Per adempiere alla sua missione, il CVM dispone di una serie di attribuzioni e poteri, come la possibilità di irrogare sanzioni, sospendere l'attività delle società irregolari e persino disporre la liquidazione delle società in situazione di crisi.

La Comissão de Valores Mobiliários è un'agenzia federale responsabile della regolamentazione e della supervisione del mercato mobiliare in Brasile, con l'obiettivo di proteggere gli investitori, promuovere lo sviluppo del mercato dei capitali e garantire la trasparenza e l'efficienza del mercato. Le prestazioni del CVM sono essenziali per mantenere un mercato dei titoli equo e trasparente, che contribuisce allo sviluppo economico del Paese.

Cosa sono i fondi di investimento?

I fondi di investimento sono una forma di investimento collettivo in cui diversi investitori mettono denaro in un fondo gestito da un professionista specializzato, che investe questo denaro in varie attività finanziarie, come azioni, titoli di stato, fondi immobiliari, tra gli altri.

Questa diversificazione offre agli investitori una riduzione del rischio di perdita, poiché il denaro è distribuito su molte attività diverse. Inoltre, i fondi di investimento hanno una gestione professionale, il che significa che un gestore specializzato sceglie gli asset migliori e prende decisioni di acquisto e vendita basate sulla sua esperienza e analisi di mercato.

I fondi comuni offrono anche diverse opzioni di investimento, con diversi livelli di rischio e rendimento. Gli investitori possono scegliere tra fondi a reddito fisso, fondi multimercato, fondi azionari, tra gli altri, in base ai loro obiettivi finanziari e al profilo di investimento.

Un altro vantaggio dei fondi di investimento è la facilità di investire e prelevare il denaro investito. Generalmente l'investitore può investire in un fondo con valori accessibili e può riscattare il proprio denaro in qualsiasi momento, con liquidità giornaliera o in un periodo prestabilito.

Tuttavia, è importante ricordare che i fondi di investimento applicano una commissione di gestione, che è una percentuale del patrimonio totale del fondo, destinata a coprire i costi di gestione e amministrazione. Queste commissioni possono ridurre il ritorno sull'investimento, quindi è importante scegliere un fondo con commissioni ragionevoli che offra un buon rapporto qualità-prezzo.

I fondi comuni di investimento sono un'opzione conveniente e diversificata per coloro che desiderano investire in diverse attività finanziarie e ridurre il rischio di perdita. Tuttavia, è importante scegliere un fondo che soddisfi gli obiettivi e il profilo di investimento dell'investitore e che abbia commissioni ragionevoli e una gestione professionale competente.

Cos'è l'analisi fondamentale di un titolo?

L'analisi fondamentale è uno dei principali strumenti utilizzati dagli investitori in borsa per valutare il potenziale di apprezzamento di un titolo. Questa analisi tiene conto di diversi fattori legati alla società che emette le azioni, come la sua performance finanziaria, le prospettive di crescita, il posizionamento di mercato, tra gli altri.

Quando si esegue un'analisi fondamentale, l'investitore cerca di comprendere la salute finanziaria dell'azienda e se è in grado di mantenere e aumentare i propri profitti in futuro. Tra le principali informazioni valutate vi sono lo stato patrimoniale, il conto economico e il flusso di cassa della società. Queste informazioni aiutano a capire se l'azienda sta generando profitti, se ha debiti eccessivi o se sta spendendo più di quanto incassa.

Inoltre, l'analisi fondamentale considera anche aspetti più qualitativi dell'azienda, come la strategia aziendale, il posizionamento sul mercato, la concorrenza, le innovazioni e le prospettive di crescita. Queste informazioni aiutano a valutare il potenziale di apprezzamento a lungo termine dell'azienda.

Un altro fattore importante nell'analisi fondamentale è lo studio del settore in cui opera l'azienda. L'investitore deve comprendere le caratteristiche del settore, la concorrenza, le tendenze e le opportunità di crescita per valutare se l'azienda è in grado di distinguersi sul mercato.

L'analisi fondamentale è uno strumento importante per valutare le prospettive di apprezzamento di un titolo. Analizzando le informazioni finanziarie, qualitative e settoriali, l'investitore può comprendere la salute finanziaria e il potenziale di crescita della società che emette le azioni. È importante sottolineare che l'analisi fondamentale deve essere condotta con cautela e sulla base di informazioni affidabili, al fine di evitare decisioni di investimento sbagliate.

Cos'è il Valore Investire ?

Valore l'investimento è una strategia di investimento che cerca di identificare azioni sottovalutate sul mercato.

Questo approccio tiene conto del valore intrinseco dell'azienda, cioè del valore reale degli asset, dei ricavi e dei profitti, in relazione al prezzo di mercato.

Lo scopo del valore investire è trovare società che hanno un buon potenziale di apprezzamento a lungo termine, ma che vengono scambiate a prezzi inferiori al loro valore reale. Questa strategia si basa sulla convinzione che il mercato non sia sempre efficiente e possa offrire opportunità di acquisto di azioni a prezzi bassi, a causa di fattori quali l'incertezza economica, il pessimismo del mercato o la performance finanziaria temporaneamente negativa della società.

valutare gli investitori l'investimento utilizza diverse metriche, come il multiplo prezzo/utile, che confronta il prezzo dell'azione con l'utile per azione dell'azienda, o il valore contabile, che confronta il valore delle attività dell'azienda con il prezzo dell'azione.

L'importanza del valore investire nella formazione di un portafoglio di investimenti è offrire un approccio strategico per scegliere le società in cui investire. Scegliendo le azioni in base al loro valore intrinseco piuttosto che seguendo le tendenze del mercato o le raccomandazioni degli analisti, gli investitori possono ridurre il rischio di investire in società sopravvalutate e aumentare le loro possibilità di ottenere buoni rendimenti a lungo termine.

Tuttavia, è importante sottolineare che il valore investire non è una strategia infallibile e che la valutazione di società sottovalutate richiede analisi dettagliate e aggiornamenti costanti. Inoltre, è necessario adottare un approccio disciplinato, resistendo alla tentazione di investire in società popolari o ad alto rischio che possono offrire rendimenti a breve termine ma potrebbero essere dannose per il portafoglio di investimenti a lungo termine.

Come avviare un portafoglio azionario?

L'acquisto di azioni in borsa può sembrare intimidatorio per gli investitori alle prime armi, ma in realtà è un processo relativamente semplice e accessibile. Per acquistare azioni in borsa, è necessario seguire questi passaggi:

1. Apri un conto presso un agente di cambio: per negoziare azioni in borsa, devi avere un conto presso un agente di cambio. Queste società sono responsabili della mediazione delle negoziazioni tra gli investitori e la borsa.

2. Deposita denaro sul tuo conto: per acquistare azioni, devi avere denaro disponibile sul tuo conto di intermediazione. Puoi depositare denaro tramite bonifico bancario, ricevuta bancaria o carta di credito.

3. Scegli le azioni che vuoi acquistare: prima di investire in azioni, è importante fare un'analisi delle società in cui vuoi investire. Controlla i tuoi risultati finanziari, la tua posizione di mercato e i tuoi piani di crescita.

4. Effettuare un ordine di acquisto: dopo aver scelto le azioni che si desidera acquistare, è necessario effettuare un ordine di acquisto tramite l'home broker, che è la piattaforma di trading del broker. Nell'ordine di acquisto è necessario definire il numero di azioni che si desidera acquistare e il prezzo massimo che si è disposti a pagare per ciascuna azione.

5. Attendere la conferma dell'acquisto: dopo aver inviato l'ordine di acquisto, è necessario attendere la conferma da parte del broker. Se l'ordine viene accettato, le azioni verranno acquistate e accreditate sul tuo conto.

È importante sottolineare che investire in azioni comporta dei rischi e che è necessario avere una strategia ben definita prima di investire. Si consiglia di cercare la guida di professionisti specializzati e studiare il mercato finanziario prima di prendere qualsiasi decisione di investimento.

Inoltre, è importante tenere presente che le azioni sono investimenti a lungo termine e che per ottenere buoni risultati sono necessarie pazienza e disciplina. Comprare azioni in borsa può essere un modo per diversificare il proprio portafoglio di investimenti e ottenere buoni ritorni finanziari, a patto che venga fatto con oculatezza e pianificazione.

Spendere o reinvestire i dividendi?

Investire in azioni può essere un ottimo modo per aumentare la tua ricchezza e raggiungere i tuoi obiettivi finanziari a lungo termine. Una delle strategie più efficaci per far crescere il tuo portafoglio azionario è reinvestire i dividendi che ricevi.

I dividendi sono la quota di utili che le società distribuiscono ai propri azionisti. Invece di spendere quei dividendi, puoi reinvestirli acquistando più azioni della società. In questo modo, puoi aumentare il tuo capitale in azioni senza spendere più soldi di tasca tua.

Reinvestendo i tuoi dividendi, puoi beneficiare del potere dell'interesse composto. Ciò significa che nel tempo i tuoi investimenti iniziali possono crescere in modo esponenziale man mano che guadagni con i tuoi soldi.

Tuttavia, è importante ricordare che l'investimento in azioni comporta dei rischi e non vi è alcuna garanzia che la performance passata di una società continui nel futuro. Pertanto, è importante fare le proprie ricerche e analisi prima di investire in qualsiasi azienda.

Inoltre, è importante disporre di un portafoglio azionario diversificato per ridurre al minimo i rischi. Diversificando il tuo portafoglio, riduci l'esposizione a una singola azienda o settore e aumenti le tue possibilità di successo a lungo termine.

Reinvestire i dividendi guadagnati è una strategia efficace per far crescere il tuo portafoglio azionario e raggiungere i tuoi obiettivi finanziari a lungo termine. In combinazione con un portafoglio diversificato e un'attenta analisi delle società in cui stai investendo, puoi far crescere la tua partecipazione in azioni nel tempo.

Conclusione

Completando questo libro sulla finanza personale per giovani laureati, spero che tu abbia acquisito nuove conoscenze e abilità che ti aiuteranno a gestire meglio i tuoi soldi e raggiungere i tuoi obiettivi finanziari. È importante ricordare che la pianificazione finanziaria non è qualcosa che dovrebbe essere lasciato per dopo, perché prima inizi a prenderti cura dei tuoi soldi, più facile sarà raggiungere l'indipendenza finanziaria che hai sognato.

In questo libro, esploreremo una varietà di argomenti relativi alla finanza personale, dall'importanza di creare un budget e controllare le spese, alle strategie di investimento e alla pianificazione della pensione. Abbiamo anche discusso dell'impatto del debito, dell'importanza di stabilire obiettivi finanziari chiari e di come cercare opportunità per aumentare il proprio reddito.

Tuttavia, è importante sottolineare che l'educazione finanziaria non si ferma qui. È essenziale che tu continui a imparare e ad aggiornarti sulle migliori pratiche di gestione finanziaria, nonché sui cambiamenti del mercato finanziario e dell'economia.

In definitiva, spero che questo libro sia stato uno strumento prezioso per aiutarti a raggiungere l'indipendenza finanziaria e raggiungere i tuoi obiettivi.

Ricorda che il percorso può essere impegnativo, ma con perseveranza, disciplina e una buona dose di conoscenza, puoi costruire un futuro finanziario prospero e sicuro.

Glossario

Beni: beni o proprietà che hanno un valore monetario, come immobili, azioni, obbligazioni, conti bancari e investimenti.

Stato patrimoniale - Un rendiconto finanziario che mostra le attività, le passività e il patrimonio netto di una persona.

Debito - Denaro che una persona deve ad altre persone o istituzioni finanziarie.

Cash Flow - La quantità di denaro che entra e esce dal conto bancario di una persona.

Investimento - L'acquisto di un bene che dovrebbe generare un rendimento finanziario in futuro, come azioni, obbligazioni o immobili.

Interesse - Il costo del prestito di denaro, solitamente espresso come percentuale dell'importo preso in prestito.

Budget - Un piano di spesa che stabilisce quanti soldi una persona può spendere per diverse categorie come cibo, trasporti e intrattenimento.

Equità - Il valore totale delle attività meno il valore totale dei debiti di una persona.

Risparmio - Il denaro che una persona mette da parte per raggiungere obiettivi finanziari a lungo termine, come la pensione o l'acquisto di una casa.

Rischio - La possibilità di perdere denaro su un investimento a causa delle fluttuazioni del mercato o di altri fattori.

Tesoreria diretta - Investimento in titoli pubblici offerti dal governo brasiliano.

Volatilità - La misura di quanto un'attività finanziaria fluttua di valore nel tempo.

www.ingramcontent.com/pod-product-compliance
Lightning Source LLC
Chambersburg PA
CBHW031622210526
45464CB00004B/1703